TRAITÉ
ET
GUIDE PRATIQUE
DES APPAREILS
POUR LA FABRICATION DES BOISSONS GAZEUSES
SIPHONS & MACHINES A VAPEUR

PAR

D. CAZAUBON

CONSTRUCTEUR-MÉCANICIEN

Successeur de M. OZOUF

MÉDAILLES AUX EXPOSITIONS UNIVERSELLES

Londres 1851, Paris 1855, Paris 1867, Vienne 1873

Membre du Jury à l'Exposition internationale du Havre 1868

CHEZ LE CONSTRUCTEUR

RUE NOTRE-DAME-DE-NAZARETH, 43

A PARIS

TRAITÉ

ET

GUIDE PRATIQUE

DES APPAREILS

POUR LA FABRICATION DES BOISSONS GAZEUSES

SIPHONS & MACHINES A VAPEUR

PAR

D. CAZAUBON

CONSTRUCTEUR-MÉCANICIEN

SUCCESSEUR DE M. OZOUF

MÉDAILLES AUX EXPOSITIONS UNIVERSELLES

LONDRES 1851, PARIS 1855, PARIS 1867, VIENNE 1873

Membre du Jury à l'Exposition internationale du Havre 1868

CHEZ LE CONSTRUCTEUR

RUE NOTRE-DAME-DE-NAZARETH, 43

A PARIS

FABRICATION

DES

EAUX GAZEUSES

HISTORIQUE

NIEDER-SELTERS, dans l'ancien duché de Nassau (Allemagne), est un petit village qui ne compte pas plus de 1,200 à 1,400 habitants, mais qui, cependant, est universellement connu par ses Eaux minérales, qu'on désigne, communément en France, sous le nom d'Eau de Seltz naturelle.

Nieder-Selters est à 20 kilomètres de Francfort et à 40 kilomètres de Mayence. Les sources sont connues depuis l'année 1525; mais alors elles n'étaient utilisées que pour le besoin des habitants. Ce ne fut qu'au siècle dernier qu'elles attirèrent l'attention des médecins-hygiénistes, et, dès lors, elles furent affermées jusqu'en 1803, époque où elles appartinrent définitivement au duc de Nassau.

L'Eau de Seltz naturelle est limpide, très saturée d'acide carbonique, mais elle a le désagrément d'avoir une saveur médicamenteuse, tout à la fois saline et alcaline, saveur qui n'existe pas dans les Eaux de Seltz artificielles.

Au début, l'Eau de Seltz naturelle fut préconisée en vue de combattre une foule de maladies plus ou moins organiques. Aujourd'hui, l'Eau de Seltz soit naturelle, soit artificielle, est regardée comme une excellente boisson, rafraichissante, apéritive, diurétique et essentiellement digestive. Aussi, est-elle conseillée contre les affections aiguës ou chroniques de l'estomac.

Mais ajoutons, au point de vue général, que l'Eau de Seltz ne saurait être assimilée aux eaux médicamenteuses. C'est, avant tout, une boisson hygiénique et agréable à boire.

Outre ses propriétés hygiéniques et rafraichissantes, l'Eau de Selz communique aux vins, et particulièrement aux vins ordinaires, un montant particulier toujours agréable. La science a de plus constaté que l'acide carbonique, produit artificiellement, avait la même composition chimique, que l'acide carbonique provenant de la source de Nieder-Selters, et, par suite, déterminait les mêmes effets.

Ceci posé, passons maintenant à l'origine de la fabrication artificielle.

En 1775, Venel, médecin-chimiste à Montpellier, eut le premier l'idée d'imiter les Eaux de Seltz, en mettant dans de l'eau pure des matières effervescentes; sa théorie était fausse, mais enfin son procédé fut un premier pas dans la voie de la fabrication des eaux gazeuses artificielles.

Quelque temps après, Black découvrit la nature du gaz acide carbonique, puis Priestley, Chanlues, Rouille-le-Cadet, constatèrent la présence de ce gaz dans les eaux spiritueuses ou acidulées gazeuses.

L'illustre professeur et docteur suédois Bergmann donna, le premier, les meilleures analyses des eaux en général et les meilleurs moyens de les fabriquer. Suivant lui, une analyse d'eau minérale ne pouvait être exacte que lorsqu'on avait pu en faire une semblable, en dissolvant dans l'eau les principes qu'on en avait extraits.

Cette théorie était d'autant plus hardie, qu'alors les chimistes niaient la possibilité de composer des liquides identiques, en principe, aux eaux minérales naturelles.

Quelque temps après, Bergmann publia de judicieuses observations sur les bons effets des eaux factices, qu'il trouvait souvent supérieures aux eaux naturelles.

Il nous reste à jeter un rapide coup d'œil sur les moyens de fabrication, ou plutôt sur les dispositifs, qui ont été progressivement inventés, pour obtenir industriellement des eaux gazeuses artificielles.

Citons d'abord :

Duchanois, qui fit paraître le premier, en 1779, un ouvrage sur l'art de préparer les eaux minérales artificielles.

Viennent ensuite :

M. Gasse, de Genève, habile pharmacien qui fonda un établissement, dans lequel on fabriquait annuellement 40,000 bouteilles d'Eau de Seltz;

M. Paul qui pendant dix ans avait été son associé, vint s'établir à Paris et y créa, en 1708, à l'hôtel d'Uzès, rue Montmartre, un établissement à l'instar de celui de Genève : établissement dans lequel on préparait des Eaux de Seltz, de Spa, alcaline-gazeuse, de Sedlitz, oxygénée, hydrogénée, hydro-carbonatée et sulfureuse.

Mentionnons encore :

Les deux pharmaciens Planche et Boulay, qui furent les fondateurs de l'usine du Gros-Caillou, et qui eurent le mérite d'introduire en France le système de l'ingénieur Bramah.

Viennent ensuite les appareils de Genève importés par Julien, qui établit son usine à Tivoli.

Le Système de Genève était basé sur le principe de la compression du gaz, et cette compression s'obtenait à l'aide d'une pompe spéciale qui fut, plus tard, supprimée par Vernaut et Barruel, qui y substituèrent la compression du gaz, dans le saturateur, par sa propre pression.

Savaresse transforma, quant à la forme, les dispositions de Vernaut et de Barruel, et ce fut en 1844 seulement, que M. Ozouf les perfectonna ; perfectionnements, qui eurent pour résultat le groupement, et, par suite, la diminution de l'emplacement des appareils, puis encore l'amélioration de leur valeur intrinsèque.

Tous ces systèmes manquaient, sinon de perfection quant à leur objet, mais ils avaient surtout l'immense défaut de s'interrompre dans leurs fonctions, et, en résumé, de ne pas fournir régulièrement la quantité d'acide carbonique exactement nécessaire à la saturation de l'eau, et autres boissons à gazéifier.

C'est à Bramah, de Londres, que l'on doit la fabrication des eaux gazeusse par système continu qui, contrairement aux autres systèmes, donne des produits régulièrement chargés d'acide carbonique.

Stévenaux vint plus tard avec l'intention d'améliorer l'appareil Bramah; mais ses additions, qui ne reposent que sur un laveur-indicateur en verre et sur un robinet d'introduction d'acide en cristal, ont été, à cette époque, l'objet d'accidents fort graves, ce qui les a fait rejeter par tous les fabricants.

Aussi les appareils de M. Ozouf, font-ils époque, dans l'histoire des machines destinées à la fabrication des boissons gazeuses, soit par leurs dispositions toutes spéciales, soit par leur élégance et leurs excellentes constructions : conditions qui donnent aux fabricants, toutes les garanties d'une production abondante, régulière, et de plus, un mécanisme offrant toute sécurité.

Ainsi donc, et ceci est un fait acquis, M. Ozouf est incontestablement un des fabricants qui ont apporté les plus grands perfectionnements dans l'industrie des eaux gazeuses, et par suite, celui qui a le plus largement contribué à son progrès.

Et cependant cette industrie ne devait et ne pouvait rester stationnaire, successeur et continuateur, depuis l'année 1862, des travaux de M. Ozouf, nous avons compris : qu'industrie obligeait comme noblesse, et qu'il nous incombait la mission d'aider à l'évolution progressive de cette industrie spéciale, et cela en reprenant, en sous-œuvre, les travaux de M. Ozouf, en corrigeant ce qu'ils pouvaient avoir de défectueux, en améliorant certaines parties des organes du mécanisme producteur, en modifiant enfin quelques dispositions du système, afin de les mettre à la hauteur des nouvelles exigences industrielles de notre époque.

Ce sont les résultats de mes travaux qui font l'objet de la présente étude, et qu'on veuille bien le remarquer, chaque amélioration apportée, par moi, au mécanisme général, des appareils destinés à la fabrication des eaux gazeuses, a été sanctionnée par tous les jurys des expositions, où mes appareils ont figuré; si bien qu'au Havre en 1868, j'ai eu l'honneur d'être appelé à faire partie du jury chargé d'examiner et d'apprécier les expositions des appareils à eaux gazeuses. Mes confrères en me donnant cette preuve de confiance, me décernaient la plus haute récompense qu'un fabricant puisse ambitionner.

CHAPITRE Ier

Appareil à gaz comprimé par lui-même, sans pompe, dit : Appareil n° 1

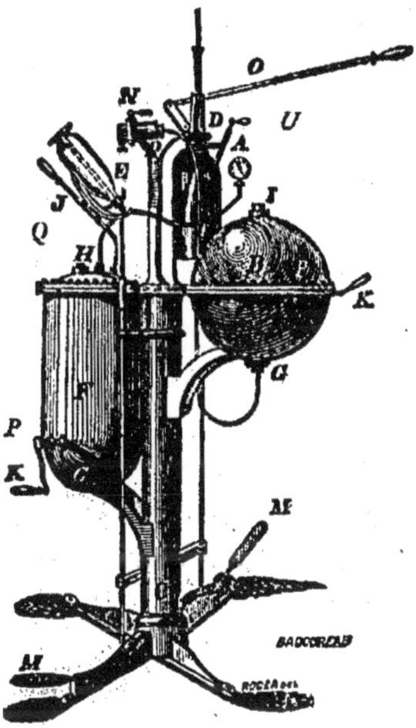

PRIX

Appareil complet...................... (pris au magasin, avec clefs, entonnoirs et mesures)	550 fr.
Supplément, pour fabrication des vins mousseux.........................	20
Emballage à claire-voie..............	20
Emballage bois plein, pour l'exportation	25

Poids net de l'appareil : 160 kilogrammes.

Poids de l'appareil emballé : 200 kilogrammes environ.

Cube de la caisse : 0,870 centimètres carrés.

Légende explicative de l'Appareil N° 1

A. Manomètre métallique.

B. Sphère en cuivre.

K. Agitateur à ailes, qui sert à mêler 'eau et le gaz.

P. Stuffing-box qui s'oppose au passage de l'eau gazeuse contenue dans la sphère.

U. Robinet de tirage à la bouteille.

N. Robinet destiné au tirage des siphons.

M. Dégorgeoir.

J. Levier du porte-vase.

E. Siphon.

D. Machine à boucher.

Q. Cuirasse à bouteille.

H. Couvercle de l'appareil.

C. Croisillon de la soupape à acide.

F. Cylindre en cuivre, générateur.

O. Levier en fer.

M. Pédale en fer.

G. Bouchon pour vider les matières.

ACCESSOIRES

Entonnoir pour introduire l'eau et le carbonate de chaux

Entonnoir en plomb pour l'introduction de l'acide.

Mesure pour le carbonate de chaux

Entonnoir pour introduire l'eau aux laveurs

Clef pour les raccords des tuyaux

Clef pour les boulons des joints

Clef pour le montage du manomètre

Clef pour le montage du cône d'embouteillage

Cet appareil n° 1 est destiné à la fabrication des eaux de seltz, soda et vins mousseux.

Il peut produire 250 bouteilles par jour, ou environ 200 siphons. Il est muni de deux tirages : l'un pour emplir les siphons, l'autre les bouteilles.

Le système se compose en outre : d'un cylindre-générateur en cuivre rouge, martelé, glacé au plomb intérieusement, d'un réservoir à acide en plomb, d'un vase laveur pour l'épuration du gaz produit dans le cylindre générateur, et enfin d'une sphère étamée et glacée à l'étain fin. Le tout est monté sur une colonne en fonte.

Le fonctionnement de tous ces organes est régularisé au moyen d'un manomètre métallique.

L'appareil tient peu de place : 80 centimètres de long, sur 50 de large suffisent pour le loger, aussi peut-il être placé dans les plus petits laboratoires. Une personne seule suffit à son fonctionnement. Sa stabilité est telle, qu'on peut, au besoin, fabriquer sans qu'il soit nécessaire de le fixer sur le sol. De plus, avec ce même appareil, on peut fabriquer les vins mousseux, et cette fabrication n'exige qu'un supplément de quelques tuyaux, et un robinet permettant le retour du gaz en excès, de la bouteille à la sphère-saturateur, disposition indispensable si l'on veut éviter la production de la mousse.

L'appareil est construit pour produire du gaz acide carbonique, soit avec du carbonate de chaux, dit blanc d'Espagne ou craie, soit avec du bi-carbonate de soude, ou bien encore de la poudre de marbre.

Pour déterminer la production du gaz, on peut employer de l'acide sulfurique pur, à 66 degrés, ou bien mélanger l'acide avec un quart de son volume d'eau.

Lorsqu'on fait usage d'acide étendu d'eau, il faut avoir le soin de laisser refroidir le mélange, sinon on risquerait d'échauffer le gaz et le corps du cylindre-générateur. Ajoutons que, quand on emploi de l'acide saturé d'eau, la fabrication est plus lente : ainsi, avec de l'acide sulfurique pur, la production du gaz, dans le même espace de temps, peut être évaluée à un quart en plus.

Le prix de revient de l'eau gazeuse, en employant du carbonate de chaux, est d'environ 1 centime 1/2 la bouteille, et il est de 2 centimes 1/2 lorsqu'on fait usage de bi-carbonate de soude.

Instruction pour faire fonctionner l'appareil à gaz comprimé par lui-même, sans pompe, dit : Appareil N° 1

L'appareil doit être placé dans un local le plus frais possible, et faire en sorte d'avoir, à sa disposition, de l'eau filtrée d'une basse température : 10 à 12 degrés environ. Après avoir fixé l'appareil, au moyen de quatre vis, sur le sol, il faut s'assurer, avant d'opérer, que toutes les pièces qui le composent, sont bien à leur place et que les raccords sont bien serrés. On remonte ensuite la machine à boucher au liége sur son cône, ainsi que le manomètre.

La charge s'opère de la manière suivante :

On commence à dévisser les trois bouchons disposés sur le cylindre F, on introduit, par le plus grand orifice marqué **matières**, 5 litres, ou 5 kilogrammes d'eau, et 1 litre 1/2 de carbonate de chaux ou blanc d'Espagne en poudre, pesant environ 2 kilogrammes. Après avoir introduit l'eau et la craie, on fait faire quelques tours à la manivelle du cylindre F, afin d'opérer le mélange du blanc avec l'eau; puis, on introduit, par l'orifice marqué **laveur**, un litre d'eau et on referme cet orifice.

Avant de verser l'acide, il faut s'assurer, si le croisillon H est bien fermé, et à cet effet, on lui fait faire un tour à droite, si l'on éprouve de la résistance, cela indique qu'il est fermé. Alors, on verse un litre d'acide sulfurique, pesant 1 kilogramme 840 grammes, par l'orifice marqué **acide**, et on remet le bouchon en place, en le serrant fortement.

On met ensuite la main droite sur l'ouverture marquée **matières**, et on détourne le croisillon d'un cinquième de tour, mais d'un mouvement assez prompt pour ne laisser tomber que quelques gouttes d'acide sur les matières, afin de ne déterminer qu'une faible effervescence. Pour faire échapper l'air contenu dans l'intérieur du cylindre, on renouvelle deux fois cette opération, et si l'on veut s'assurer qu'il est bien évacué, on enflamme une allumette chimique, et on la plonge dans l'ouverture des **matières**. Si l'allumette s'éteint, on est sûr que le cylindre ne contient plus d'air ; alors on remet le bouchon à matières, et on le serre comme le précédent.

On dévisse ensuite le bouchon I, de la boule ou sphère B, et on emplit celle-ci d'eau ; on remet le bouchon et c'est alors, seulement, qu'on commence l'opération.

Mais avant, il faut encore s'assurer que le robinet de communication est ouvert, et à cet effet, on met en mouvement la manivelle K, du cylindre, F, et de la main gauche, on détourne le croisillon d'un quart ou d'un cinquième de tour, en examinant si l'aiguille du manomètre avance. Dans ce cas, on continu de tourner la manivelle avec une vitesse de 30 à 40 tours à la minute, et on referme le croisillon, car si l'on tournait plus vite, et qu'on laissât tomber une trop grande quantité d'acide, il se produirait une effervescence telle, que les **matières** viendraient remplir la boîte à acide intérieur, le vase laveur et même la sphère.

Il faut monter lentement la pression, et pour cela, on ouvre très-peu le croisillon, et on examine avec soin l'aiguille du manomètre, qui ne doit pas marcher trop vite.

Quand cette aiguille marque 3 atmosphères environ, il faut retirer de la sphère B, 1 litre à 1 litre 1/2 d'eau par le tirage au liége, ou par le robinet du siphon.

C'est alors qu'on met en mouvement la manivelle K, de la sphère B et qu'on tourne le plus vite possible, afin d'obtenir une bonne saturation. Plus on tourne vite, mieux la saturation se fait. Après avoir tourné une 1/2 minute, on recommence à faire du gaz, en imprimant un mouvement circulaire à la manivelle du cylindre, et cela lentement, et en ouvrant le croisillon de la soupape.

Quand on cesse de faire du gaz, il faut avoir le soin de fermer le croisillon, et de donner quelques tours à la manivelle du cylindre F.

On produit du gaz jusqu'au point où l'on veut que l'aiguille du manomètre s'arrête, en tournant à diverses reprises la manivelle de la sphère B. Six atmosphères suffisent pour les bouteilles, 10 ou 12 pour les siphons.

Lorsqu'on a épuisé l'eau de la sphère, et qu'on veut la renouveler, il faut avoir le soin de refermer le robinet de communication, du gaz du cylindre à la sphère, et laisser échapper la pression, en dévissant le bouchon I d'un tour ou deux, et remplir ensuite d'eau, la sphère comme il a été dit ci-dessus.

Aussitôt la sphère remplie, on remet le **bouchon**, et on ouvre de nouveau le robinet de communication du gaz.

Quand on a ouvert le croisillon de la soupape à acide, et que l'aiguille du manomètre ne marche plus, cela indique que les matières sont épuisées, et c'est alors qu'on doit procéder à leur vidange.

Pour ce faire, on commence par fermer le robinet de communication, et on dévisse le bouchon à matière d'un tour ou deux ; (1) alors on entend un petit sifflement, ce qui indique l'échappement de la pression contenue dans le cylindre, qu'on active en tournant lentement la manivelle, afin d'aider à l'échappement des gaz accumulés dans les matières.

---

(1) Nous recommandons de faire échapper la pression, contenue dans le cylindre, par le bouchon à matières et non par tout autre orifice.

Lorsque le sifflement cesse, on met sous le cylindre F, un baquet ou un seau pour recevoir les matières, puis on dévisse entièrement le bouchon de la manivelle, qui se trouve dessous le cylindre, et afin de faciliter l'écoulement, on imprime quelques tours à la manivelle dudit cylindre. Cette opération terminée, on remet le bouchon en place, on introduit 5 à 6 litres d'eau dans le cylindre, on tourne rapidement la manivelle, on dévisse, à nouveau le bouchon, afin de laisser écouler l'eau qui a servi au nettoyage de l'intérieur du cylindre, et à empêcher l'adhérence des matières contre les parois du métal; puis, on recommence la charge, de la manière dont il a été indiquée ci-dessus.

Quand l'appareil est à nouveau chargé, et avant d'ouvrir le robinet de communication, il est nécessaire de déterminer une certaine pression dans le cylindre, de manière qu'en ouvrant le robinet, l'aiguille du manomètre monte plutôt que de descendre, car si l'aiguille descendait c'est qu'il y aurait plus de pression dans la sphère que dans le cylindre, et cette pression viendrait intempestivement peser sur la surface de l'eau, contenue dans le vase laveur, et déterminerait l'écoulement de cette eau sur les matières, par le tube plongeur; alors le gaz ne se trouverait plus lavé.

Cette manœuvre ne doit s'observer que lorsqu'on veut recommencer la charge dans le cylindre, et conserver la pression dans la sphère.

Il est essentiel que la pression exercée dans le cylindre, dépasse peu celle de la sphère, en d'autres termes, il faut que l'aiguille du manomètre monte lentement.

Enfin on devra faire en sorte que les matières ne séjournent pas plusieurs jours dans l'intérieur du cylindre, ni l'eau dans l'intérieur de la sphère.

Emplissage des Siphons

On doit d'abord monter la pression de 10 à 11 atmosphères.

On place alors le siphon sur le porte-vase; on pose le pied sur la pédale M, en appuyant, afin de faire monter le siphon, jusqu'à l'introduction du bec, dans l'embouchure du robinet N, et l'y maintenir. On couvre ensuite le siphon avec la cuirasse ou grillage, qui sert à veiller à son emplissage, et à prévenir les accidents, qui pourraient résulter de la rupture du verre. Le siphon ne doit être empli qu'aux neuf dixièmes environ de sa contenance, car on doit toujours laisser un peu de vide, le gaz accumulé dans ce vide, aidant à la pression qui détermine l'expulsion de l'eau gazeuse.

On abat ensuite le levier J, qui ouvre la soupape du siphon, on tourne la poignée du robinet N, et le siphon se remplit d'abord jusqu'aux deux tiers; quand on voit que le liquide ne rentre plus, on tourne le robinet promptement, comme si l'on voulait le fermer, et l'on entend alors un dégagement d'air, qui se fait par la petite tubulure du robinet; on recommence ce mouvement deux ou trois fois, pour que le siphon soit empli au degré voulu, c'est-à-dire aux neuf dixièmes environ de sa capacité.

Le siphon empli, on abandonne à lui-même le levier qui ouvrait la soupape, on ferme le robinet, on cède le pied, qui jusqu'alors avait fait pression sur la pédale, le siphon descend, et on enlève ensemble, du porte-vase, le siphon et la cuirasse; la main droite tenant la tête du siphon et la gauche maintenant la cuirasse par le fond, celle-ci devant accompagner le siphon, jusqu'à sa mise en place, dans la caisse destinée à le recevoir.

Cette précaution d'emporter le siphon ainsi enveloppé de sa cuirasse, garantit, l'ouvrier tireur des accidents que pourrait occasionner la rupture du vase, pendant le trajet.

Cela fait, on recommence l'opération.

Emplissage des Bouteilles

On introduit le bouchon dans le cône D de la machine à boucher, et on le fait descendre environ à 5 millimètres du bas. On peut s'en assurer avec le doigt, ou bien au moyen d'une remarque que l'on fait sur la hauteur du levier.

On prend ensuite la bouteille de la main gauche et on la place sur le tampon, on pose le pied droit sur la pédale M, et en appuyant on élève la bouteille jusqu'à ce qu'elle touche au disque de caoutchouc, placé à la partie inférieure du cône. La main droite doit être constamment appuyée sur le levier, afin d'empêcher que la pression ne fasse remonter le bouchon. Le pied doit toujours faire pression sur la pédale pendant l'emplissage.

Ceci fait, on tourne vers soi la cuirasse Q, et on ouvre le robinet U. Le liquide coule aussitôt dans la bouteille, et comprime l'air qu'elle contient; pour laisser échapper cet air, on presse d'un coup sec sur le bouton du dégorgeoir : l'air trouvant une issue, s'échappe et est remplacée par une nouvelle quantité d'eau gazeuse; on répète cette opération jusqu'à ce que la bouteille soit pleine; on ferme alors le robinet, et on enfonce ensuite le bouchon, en donnant plusieurs saccades par le moyen du levier, jusqu'à ce qu'on entende un petit échappement de gaz. C'est ce qui indique que le bouchon est assez enfoncé. On doit alors céder légèrement la pression du pied posé sur la pédale, et abattre le levier pour faire descendre la bouteille, en la maintenant entre ces deux pressions, c'est-à-dire celle de la pédale et celle du levier, afin de pouvoir la retirer sans laisser échapper le bouchon. Pour retirer la bouteille, il faut nécessairement enlever la cuirasse, qui servait pendant l'emplissage, à garantir l'ouvrier tireur, contre la rupture des bouteilles.

On peut également emplir les bouteilles sans se servir du dégorgeoir, il suffit de céder le pied, qui appuie sur la pédale, et de laisser doucement échapper l'air. Ce moyen est plus expéditif, mais les bouteilles ne sont pas emplies avec la même régularité, ni à une pression uniforme.

Si l'on est seul pour opérer, on doit préalablement passer une ficelle au col de la bouteille, et quand elle est pleine, on l'appuie sur le bord de l'écrou, où se trouve le disque en caoutchouc ; on serre le bouchon par sa moitié supérieure, en appuyant avec le pied sur la pédale, puis on prend les deux bouts de la ficelle, on fait deux tours et on la serre énergiquement sur le bouchon.

CHAPITRE II

Appareil à gaz comprimé par lui-même, avec pompe, dit : Appareil N° 2

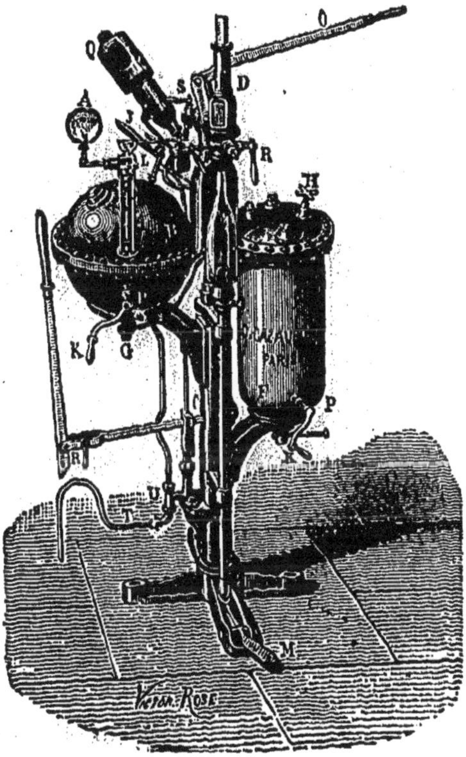

PRIX

Appareil complet.......... 700 fr.
(Pris au magasin, avec clefs, entonnoirs et mesures)
Supplément pour fabrication des vins mousseux....... 20
Emballage à claire-voie.... 20
Emballage bois plein, pour l'exportation............ 25

Poids de l'appareil net : 180 kilogrammes.

Poids de l'appareil emballé : environ 225 kilogrammes.

Cubage de la caisse : 0,900 centimètres carrés.

Légende explicative de l'Appareil N° 2

A. Manomètre métallique.
B. Sphère en cuivre.
K.K. Manivelles pour faire fonctionner les agitateurs de la sphère et du cylindre.
P.P. Stuffing-box qui s'oppose au passage de l'eau gazeuse contenue dans la sphère.
F. Cylindre générateur.
H. Croisillon de la soupape à acide.
R. Robinet de tirage à la bouteille.
D. Machine à boucher.
S. Robinet destiné à l'emplissage des siphons.
J. Levier du porte-vase.
Q. Cuirasse à siphon.
G. Bouchon pour vider la sphère et les matières du cylindre.
U. Pompe alimentaire.
R. Articulation du levier de la pompe.
T. Tuyau d'aspiration de la pompe.
M. Pédale en fer.

ACCESSOIRES

Entonnoir pour introduire l'eau et le carbonate de chaux

Entonnoir en plomb pour l'introduction de l'acide.

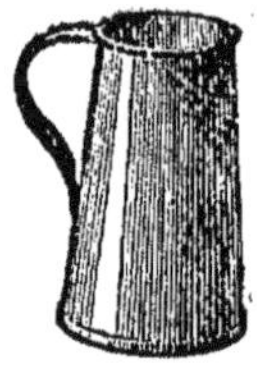

Mesure pour le carbonate de chaux

Entonnoir pour introduire l'eau aux laveurs

Clef pour les boîtes à étoupes

Clef pour les raccords des tuyaux

Clef pour les boulons des joints

Clef pour le montage du manomètre

Clef pour le montage du cône d'embouteillage

Cet appareil, désigné sous le numéro 2, est destiné à la fabrication des Eaux de Seltz, soda, limonades, vins et boissons mousseuses.

Il peut produire, par jour, environ 400 bouteilles ou 300 siphons.

Il est muni de deux tirages : l'un à siphons, l'autre à bouteilles.

Les principaux organes consistent : en un cylindre générateur en cuivre rouge, martelé, glacé au plomb intérieurement, d'un réservoir à acide en plomb et d'un vase laveur pour l'épuration du gaz contenu dans le cylindre générateur,

L'appareil est de plus pourvu d'une sphère étamée et glacée à l'étain fin. cette sphère est munie d'une soupape de sûreté, d'un niveau d'eau et d'un manomètre métallique

Une pompe à balancier sert à alimenter la sphère, au fur et à mesure de l'emplissage des siphons ou bouteilles. Le tout est monté sur une colonne en fcnte, tel que le dessin le représente.

L'appareil n° 2, offre un grand avantage sur celui à gaz comprimé par lui même sans pompe, tant au point de vue de l'économie de la main-d'œuvre, qu'au point de vue des matières premières. En effet, avec l'appareil n° 2, la bouteille d'eau gazeuse ne revient qu'à un centime lorsqu'on fait usage de craie ou carbonate de chaux, soit une économie de 30 pour cent, et guère plus cher quand on emploie le bi-carbonate de soude.

Par la disposition du montage, l'appareil occupe peu de place. 80 centimètres carrés suffisent pour le contenir, et un seul homme peut le faire fonctionner. Son volume, relativement insignifiant, permet de le loger dans les plus petits laboratoires. Ajoutons qu'il convient et peut satisfaire aux besoins d'une localité de deux à trois mille âmes.

Si l'on veut se livrer à l'industrie des vins mousseux, il est alors nécessaire d'adjoindre à l'appareil un supplément de tuyaux d'étain, et un robinet de communication, pour le retour du gaz de la bouteille à la sphère saturateur, afin d'éviter la production de la mousse.

On peut se servir comme réactif, d'acide sulfurique pur à 66 degrés, ou bien le couper avec un quart de son volume d'eau, mais dans ce dernier cas, il faut avoir le soin de ne faire usage du mélange, qu'après son complet refroidissement; sinon on risquerait d'échauffer non-seulement le gaz, mais encore le corps du cylindre générateur.

Avec de l'acide sulfurique étendu d'eau, la fabrication est plus lente qu'avec de l'acide sulfurique pur. La différence dans la production est d'un quart environ.

Instruction pour faire fonctionner l'appareil comprimé par lui-même, avec pompe, dit : Appareil N° 2

L'appareil doit être placé dans un local le plus frais possible, doit faire en sorte d'avoir à sa disposition de l'eau filtrée d'une basse température : 10 à 12 degrés environ. Après avoir fixé l'appareil, au moyen de quatre vis, sur le sol, il faut s'assurer, avant d'opérer, que toutes les pièces qui le composent sont bien à leur place, et que les raccords sont bien serrés. On remonte ensuite la machine à boucher au liège sur son cône, ainsi que le manomètre.

La charge s'opère de la manière suivante :

On commence à dévisser les trois bouchons disposés sur le cylindre F, on introduit par le plus grand orifice marqué **matières**, 5 litres ou 5 kilogrammes d'eau, et 1 litre 1/2 de carbonate de chaux ou blanc d'Espagne en poudre, pesant environ 1 kilogramme. Après avoir introduit l'eau et la craie, on fait faire quelques tours à la manivelle du cylindre F, afin d'opérer le mélange du blanc avec l'eau; puis on introduit par l'orifice marqué **laveur**, un litre d'eau, et on referme cet orifice.

Avant de verser l'acide, il faut s'assurer si le croisillon H est bien fermé, et à cet effet on lui fait faire un tour à droite, si l'on éprouve de la résistance, cela indique qu'il est fermé. Alors, on verse un litre d'acide sulfurique, pesant un kilogramme 840 grammes, par l'orifice marqué **acide**, et on remet le bouchon en place, en le serrant fortement.

On met ensuite la main droite sur l'ouverture marquée **matières**, et on détourne le croisillon d'un cinquième de tour, mais d'un mouvement assez prompt, pour ne laisser tomber que quelques gouttes d'acide sur les matières, afin de ne déterminer qu'une faible effervescence. Pour faire échapper l'air contenu dans l'intérieur du cylindre, on renouvelle deux fois cette opération, et si l'on veut s'assurer qu'il est bien évacué, on enflamme une allumette chimique, on la plonge dans l'ouverture des matières. Si l'allumette s'éteint, on est sûr que le cylindre ne contient plus d'air; alors on remet le bouchon à matières, et on le serre comme le précédent.

On dévisse ensuite le bouchon I, de la boule ou sphère B, et on emplit celle-ci d'eau; on remet le bouchon, et c'est alors, seulement, qu'on commence l'opération.

Mais avant, il faut encore s'assurer que le robinet de communication est ouvert, et à cet effet, on met en mouvement la manivelle K, du cylindre F, et de la main gauche, on détourne le croisillon d'un quart ou d'un cinquième de tour, en examinant si l'aiguille du manomètre avance. Dans ce cas, on continue de tourner la manivelle avec une vitesse de trente à quarante tours à la minute, et on referme le croisillon, car si l'on tournait plus vite et qu'on laissât tomber une trop grande quantité d'acide, il se produirait une effervescence telle, que les **matières** viendraient remplir la boîte à acide intérieure, le vase laveur et même la sphère.

Il faut monter lentement la pression, et pour cela on ouvre très-peu le croisillon, et on examine avec soin l'aiguille du manomètre, qui ne doit pas marcher trop vite.

Quand cette aiguille marque 3 atmosphères environ, il faut retirer de la sphère B, 1 litre à 1 litre 1/2 d'eau, par le bouchon de tirage ou par le robinet du siphon.

C'est alors qu'on met en mouvement la manivelle K, de la sphère B, et qu'on tourne le plus vite possible, afin d'obtenir une bonne saturation. Plus on tourne vite, mieux la saturation se fait. Après avoir tourné une 1/2 minute, on recommemce à faire du gaz, en imprimant un mouvement circulaire à la manivelle du cylindre, et cela lentement, et en ouvrant le croisillon de la soupape.

Quand on cesse de faire du gaz, il faut avoir bien soin de fermer le croisillon et de donner quelques tours à la manivelle du cylindre F.

On produit du gaz jusqu'au point où l'on veut que l'aiguille du manomètre s'arrête, en tournant à diverses reprises la manivelle de la sphère B. Six atmosphères suffisent, pour les bouteilles, 10 à 12 pour les siphons.

Pour alimenter la sphère, on dispose un baquet, ou réservoir à eau, sous le tuyau de l'aspirateur de la pompe T, puis on pompe d'une vitesse modérée, en ayant soin, cependant, de faire parcourir au piston de la pompe toute sa course, et cela afin d'éviter le claquement des soupapes de ladite pompe U.

Quand la sphère est aux deux tiers pleine, et qu'on voit le liquide paraître au milieu du tube du niveau d'eau, on cesse de pomper, et de suite on sature l'eau contenue dans la sphère, en tournant très-rapidement la manivelle K, pendant

1 ou 2 minutes. On peut alors se rendre compte de l'effet produit, c'est-à-dire de la saturation, en examinant l'aiguille du manomètre. Si celle-ci recule, c'est signe que l'eau n'est pas assez saturée, si elle reste immobile, c'est que la saturation est complète. Lorsque l'acide est épuisé dans le cylindre F, on s'en aperçoit en ouvrant le croisillon H, et en tournant la manivelle K du cylindre F. Si l'aiguille du manomètre A ne marche plus en avant, c'est que les matières n'ayant plus d'action, sont épuisées et qu'il faut renouveler la charge.

Pour vider le cylindre on doit fermer le robinet de communication du gaz, du cylindre à la sphère; on dévisse, ensuite, d'un demi-tour le bouchon marqué : **matières**, et si l'on entend un petit sifflement, il faut alors tourner lentement la manivelle K, pour dégager le gaz qui se trouve encore renfermé dans le carbonate de chaux, puis on continue à dévisser le bouchon, à mesure que le sifflement diminue et jusqu'au moment où la pression est échappée du cylindre, mais en continuant toujours à tourner la manivelle K, jusqu'à ce qu'il n'y ait plus échappement de gaz.

Lorsque les matières sont épuisées, on procède au nettoyage de l'appareil : à cet effet on dévisse entièrement le bouchon de la manivelle K du cylindre F, et on place, sous ce cylindre, un baquet ou un seau pour recevoir les matières, puis, afin de faciliter l'écoulement, on imprime quelques tours à la manivelle dudit cylindre. Cette opération terminée, on remet le bouchon en place, on introduit 5 à 6 litres d'eau dans le cylindre, on tourne rapidement la manivelle, on dévisse, à nouveau, le bouchon afin de laisser écouler l'eau qui a servi au nettoyage de l'intérieur du cylindre, et à empêcher l'adhérence des matières contre les parois du métal ; puis on recommence la charge de la manière dont il a été indiqué ci-dessus.

Quand celle-ci est faite, et avant d'ouvrir le robinet de communication, il est nécessaire de déterminer une certaine pression dans le cylindre, de manière qu'en ouvrant le robinet, l'aiguille du manomètre monte et ne descende pas, car si elle descendait, c'est qu'il y aurait plus de pression dans la sphère que dans le cylindre, et cette pression, par suite, viendrait exercer un refoulement sur la surface de l'eau contenue dans le vase laveur, et l'obligerait à s'écouler par le tube plongeur, sur les matières. Alors le gaz ne serait plus lavé.

Cette manipulation spéciale ne s'observe, que lorsqu'on veut refaire la charge dans le cylindre, et conserver la pression dans la sphère.

Observations. — 1° Il est essentiel que la pression du cylindre, ne dépasse pas de beaucoup celle de la sphère, ce que l'on constate aisément, lorsque l'aiguille du manomètre monte lentement.

De plus, les matières ne doivent pas séjourner plusieurs jours dans l'intérieur du cylindre, ni l'eau dans l'intérieur de la sphère. Cependant on peut, sans inconvénient, conserver pendant quelque temps la pression du gaz dans la sphère, mais sans eau, et lorsqu'on recommence à travailler, ayant déjà une pression de gaz, on n'a plus qu'à pomper, pour introduire l'eau, et continuer la fabrication.

2° Avant de faire fonctionner la pompe, il faut la première fois qu'on en fait usage, graisser le piston avec du beurre frais, il suffit d'en envelopper un petit morceau dans un linge, et d'en frotter toutes les surfaces adhérentes du piston.

On doit également graisser l'articulation du mouvement de la pompe, avec quelques gouttes d'huile, en observant de n'en pas laisser tomber sur le piston.

Avec cet appareil, deux personnes peuvent fabriquer : l'une en pompant l'eau et produisant le gaz, l'autre s'occupant de l'emplissage, 400 siphons par journée de travail.

Emplissage des Siphons

On doit d'abord monter la pression de 10 à 11 atmosphères.

On place alors le siphon sur le porte-vase ; on pose le pied sur la pédale M, en appuyant, afin de faire monter le siphon, jusqu'à l'introduction du bec, dans l'embouchure du robinet N, et l'y maintenir. On couvre ensuite le siphon avec la cuirasse ou grillage qui sert à veiller à son emplissage, et à prévenir les accidents qui pourraient résulter de la rupture du verre. Le siphon ne doit être empli qu'aux neuf dixièmes, environ, de sa contenance, car on doit toujours laisser un peu de vide, le gaz accumulé dans ce vide, aidant à la pression qui détermine l'expulsion de l'eau gazeuse.

On abat ensuite le levier J, qui ouvre la soupape du siphon, on tourne la poignée du robinet N, et le siphon se remplit d'abord jusqu'aux deux tiers ; quand on voit que le liquide ne rentre plus, on tourne le robinet promptement, comme si l'on voulait le fermer, et on entend alors un dégagement d'air qui se fait par la petite tubulure du robinet ; on recommence ce mouvement deux ou trois fois, pour que le siphon soit empli, au degré voulu, c'est-à-dire aux neuf dixièmes environ de sa capacité.

Le siphon empli, on abandonne à lui-même le levier qui ouvrait la soupape, on ferme le robinet, on cède le pied, qui jusqu'alors avait fait pression sur la pédale, le siphon descend, et on enlève ensemble, du porte-vase, le siphon et la cuirasse, la main droite tenant la tête du siphon, et la main gauche maintenant la cuirasse par le fond, celle-ci devant accompagner le siphon jusqu'à sa mise en place, dans la caisse destinée à le recevoir.

Cette précaution d'emporter le siphon ainsi enveloppé de sa cuirasse, garantit l'ouvrier tireur des accidents, que pourrait occasionner la rupture du vase, pendant le trajet.

Cela fait, on recommence l'opération.

Emplissage des Bouteilles

On introduit le bouchon dans le cône D de la machine à boucher, et on le fait descendre environ à cinq millimètres du bas. On peut s'en assurer avec le doigt, ou bien au moyen d'une remarque que l'on fait sur la hauteur du levier.

On prend ensuite la bouteille de la main gauche et on la place sur le tampon, on pose le pied droit sur la pédale M, et en appuyant, on élève la bouteille jusqu'à ce qu'elle touche au disque de caoutchouc, placé à la partie inférieure du cône. La main droite doit être constamment appuyée sur le levier, afin d'empêcher que la pression ne fasse remonter le bouchon. Le pied doit toujours faire pression sur la pédale pendant l'emplissage.

Ceci fait, on tourne vers soi la cuirasse Q, et on ouvre le robinet U. Le liquide coule aussitôt dans la bouteille et comprime l'air qu'elle contient; pour laisser échapper cet air, on presse d'un coup sec sur le bouton du dégorgeoir : l'air trouvant une issue, s'échappe, et est remplacé par une nouvelle quantité d'eau gazeuse; on répète cette opération jusqu'à ce que la bouteille soit pleine; on ferme alors le robinet, on enfonce ensuite le bouchon, en donnant plusieurs saccades, par le moyen du levier, jusqu'à ce qu'on entende un petit échappement de gaz. C'est ce qui indique que le bouchon est assez enfoncé. On doit alors céder légèrement la pression du pied posé sur la pédale, et abattre le levier pour faire descendre la bouteille, en la maintenant entre ces deux pressions, c'est à dire celle de la pédale et celle du levier, afin de pouvoir la retirer sans laisser échapper le bouchon. Pour retirer la bouteille, il faut nécessairement retourner la cuirasse, qui servait, pendant l'emplissage, à garantir l'ouvrier-tireur contre la rupture des bouteilles.

On peut également emplir les bouteilles sans se servir du dégorgeoir : il suffit de céder le pied, qui appuie sur la pédale, et de laisser doucement échapper l'air. Ce moyen est plus expéditif, mais les bouteilles ne sont pas emplies avec la même régularité, ni à une pression uniforme.

Si l'on est seul pour opérer, on doit préalablement passer une ficelle au col de de la bouteille, et quand elle est pleine, on l'appuie sur le bord de l'écrou, où se trouve le disque en caoutchouc; on serre le bouchon par sa moitié supérieure, en appuyant avec le pied sur la pédale, puis on prend les deux bouts de la ficelle, on fait deux tours, et on la serre énergiquement sur le bouchon.

CHAPITRE III

Appareil semi-continu, modèle perfectionné pour la fabrication des Eaux de Seltz, Soda et Vins mousseux.

3 MODÈLES

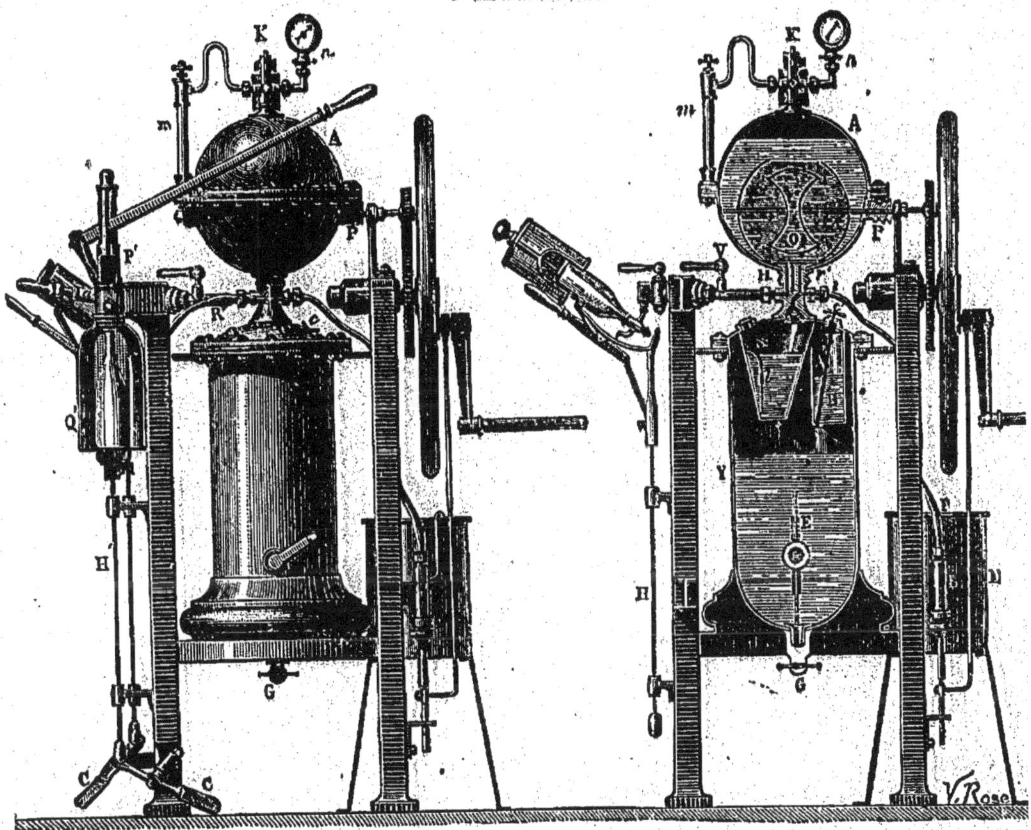

Prix des Appareils, au Magasin, avec Clefs, Entonnoirs et Mesures.

	PRIX DE L'APPAREIL N° 1 . 1000 f.	PRIX DE L'APPAREIL N° 2 . 1350 f.	PRIX DE L'APPAREIL N° 3 . 1600 f.
Supplément pour vins mousseux	25	30	35
Emballage claire-voie	25	35	42
Emballage bois plein, pour exportation	32	42	50
Poids net de l'appareil, kil.	245	350	440
Poids de l'appareil emballé, kil.	360	500	620
Cubage de la caisse	1 m,292 cubes	1 m,880 cubes	2 m,508 cubes

Diamètre du piston de la pompe de l'appareil nº 1, 25 *millim., course* 110 *millimètres*
— — — nº 2, 30 — — 110 —
— — — nº 3, 40 — — 110 —

Légende explicative de l'appareil semi-continu perfectionné.

K. Soupape de sûreté, et embranchement pour le manomètre et le niveau d'eau.
N. Manomètre métallique.
M. Niveau d'eau.
A. Sphère en cuivre.
O. Agitateur à ailes, mu par l'engrenage du mouvement de la pompe B, qui sert à mêler l'eau et le gaz.
P. Stuffing-box, qui s'oppose au passage de l'eau gazeuse contenue dans la sphère.
H. Piédouche.
I. Canal par lequel passe l'eau, que l'on introduit dans la sphère, à l'aide de la pompe.
V. Robinet destiné au tirage des siphons.
P'. Machine à boucher.
Q. Cuirasse à bouteille.
L. Tube en cuivre par lequel descend le gaz pour être lavé, avant de monter dans la sphère.
Z. Vase laveur.
C'. Croisillon de la soupape à acide.
A. Réservoir en plomb, à acide sulfurique.
B'. Soupape également en plomb.
Y. Cylindre en cuivre.
E. Agitateur à ailes, servant à mettre en contact le carbonate de chaux avec l'acide sulfurique.
B. Pompe hydraulique ou à eau.
F. Tuyau d'aspiration.
E'. Réservoir à eau.
H'. Tige en fer.
C. Pédale.
G. Bouchon pour vider les matières.

ACCESSOIRES

Entonnoir pour introduire l'eau et le carbonate de chaux.

Entonnoir en plomb pour l'introduction de l'acide.

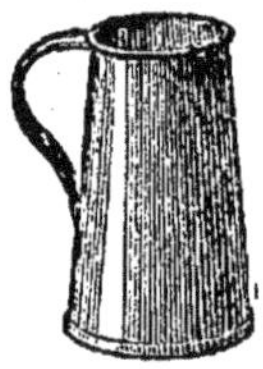
Mesure pour le Carbonate de chaux.

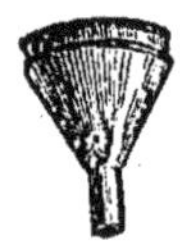
Entonnoir pour introduire l'eau aux laveurs.

Clef pour les boîtes à étoupes.

Clef pour les raccords de tuyaux.

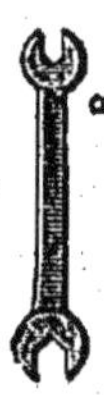
Clef pour les boulons des joints.

Clef pour le montage du manomètre.

Clef pour le montage du cône d'embouteillage.

Clef pour écrou de la pompe.

Le système de l'appareil semi-continu est avantageusement connu, depuis vingt ans, dans l'industrie des boissons gazeuses, tant en France qu'à l'étranger.

Sa construction élégante et solide, tout à la fois, la facilité et la simplicité de son fonctionnement, ses trois modèles échelonnés et en rapport avec la production désirée, sa construction uniforme malgré ses dimensions, en font un appareil de fabrication essentiellement pratique.

Le n° 1, récipient de 20 bouteilles, peut produire par jour 600 bouteilles ou 400 siphons.

Le n° 2, récipient de 45 bouteilles, peut produire par jour 900 bouteilles ou 600 siphons.

Le n° 3, récipient de 70 bouteilles, produit par jour 1,200 bouteilles ou 900 siphons. (1)

L'appareil semi-continu se compose :

1° De deux bâtis en fonte de fer, reliés ensemble par une embase, formant entre-toise. Ce cadre supporte un cylindre générateur en cuivre rouge martelé, et entièrement glacé au plomb, et terminé à sa partie inférieure par un raccord à bouchon et à vis. Le haut du cylindre est fermé par un couvercle en cuivre rouge, également glacé au plomb.

Sous ce couvercle, se trouvent fixés deux réservoirs : l'un, appelé boîte à acide, est en plomb, et est destiné à contenir l'acide sulfurique, dont l'action sur le carbonate de chaux, doit plus tard produire l'acide carbonique. Dans l'intérieur de ce réservoir, se trouve une soupape en composition, soupape qui fonctionne au moyen d'un croisillon à vis, placé au-dessus du couvercle du cylindre. En faisant mouvoir ce croisillon, on ouvre ou on ferme la soupape à acide, suivant que l'on veut produire ou arrêter la production du gaz.

Le deuxième réservoir, en cuivre rouge, étamé intérieurement et extérieurement, aussi fixé sous le couvercle du cylindre, est désigné sous le nom de vase laveur. Il sert à épurer le gaz, avant que celui-ci soit en contact avec l'eau qu'on veut gazéifier. Ce couvercle est fixé sur le cylindre générateur, par un joint avec brides et boulons. Cette disposition permet la visite facultative du cylindre, et la constatation, que les organes de l'appareil sont dans un parfait état de fonctionnement.

2° Un arbre en bronze, mu au moyen d'une manivelle, arbre sur lequel est fixé, par des boîtes à étoupe, un agitateur, qui, dans son mouvement circulaire, mélange uniformément les matières.

3° Une boule ou sphère-saturateur, composée de deux demi-sphères en cuivre rouge martelé, étamées et glacées intérieurement à l'étain fin. Ces deux demi-sphères sont assemblées par des joints à bride et des boulons.

Cette sphère-saturateur est munie d'appareils préservatifs, contre tous accidents, tels que manomètre métallique, soupape de sûreté et niveau d'eau.

---

(1) La différence de production, qui existe entre les bouteilles et les siphons, provient : du fait que la bouteille doit être emplie à la pression de 6 à 7 atmosphères, tandis que pour emplir les siphons, il faut une pression de 10 à 12 atmosphères. Un tiers de gaz se trouve donc employé en plus, ce qui réduit la production d'un quart.

Dans cette même sphère, se trouve disposé un arbre-agitateur en bronze, arbre armé d'une hélice étamée, à l'étain fin, servant à saturer l'eau qui arrive continuellement dans la sphère.

4° Un piédouche en bronze, reliant le cylindre et la sphère, donne accès à la communication des fluides liquides et gazeux, par trois orifices : l'un pour l'introduction de l'eau refoulée par la pompe, le deuxième pour la sortie de l'eau et le troisième pour l'écoulement du gaz venant du laveur, et se dirigeant vers la sphère.

5° Une pompe aspirante et foulante, fixée sur un des bâtis, mue par un volant avec manivelle, sert à refouler l'eau dans la sphère, pour alimenter continuellement le metteur en bouteilles. Par cette même action de la pompe, et au moyen de deux engrenages, on met en mouvement l'arbre agitateur de la sphère et, par suite, on obtient la saturation de l'eau ou plutôt sa gazéification.

6° Sur l'autre cadre du bâti, se trouvent fixés les deux tirages fonctionnant isolément, et sans le démontage d'aucune pièce : l'un pour l'emplissage des siphons, l'autre pour l'emplissage des bouteilles au liége. Chaque tirage est muni d'un robinet de sûreté.

Comme matières, on peut employer, soit le carbonate de chaux, ou craie, dit blanc d'Espagne, soit du bi-carbonate de soude, soit enfin de la poudre de marbre.

Indépendemment des bons résultats qu'on obtient, comme parfaite saturation des liquides, ces appareils offrent des avantages qu'on ne saurait trop apprécier De plus, ils n'exigent qu'un emplacement superficiel d'un mètre carré; et un seule personne peut satisfaire à leur fonctionnement.

La construction des appareils semi continus, permet de les expédier tout montés. Aussitot après déballage, on peut commencer à travailler, sans qu'il soit besoin même de les fixer sur le sol.

Le prix de revient de l'eau gazeuse est d'un centime environ par bouteille, lorsqu'on emploie de la craie ou blanc d'Espagne, et de deux centimes lorsqu'on fait usage de bi-carbonate de soude.

Instruction pour faire fonctionner les Appareils semi-continus.

On doit placer l'appareil dans un endroit le plus frais possible, en ayant le soin de disposer les deux tirages : bouteilles et siphons, tournés du côté du jour. L'eau filtrée, destinée à la saturation, doit être relativemeut froide, c'est-à-dire à la température de 10 à 12 degrés au-dessus de zéro.

On s'assure d'abord, en remontant les pièces, dont l'emballage avait nécessité le démontage, si toutes les rondelles, en cuir ou en caoutchouc, sont bien à leur place, si chaque raccord est bien joint, et quand même, il est prudent de resserrer tous les écrous; et de s'assurer, en les faisant tourner de droite à gauche, plusieurs fois, si les robinets fonctionnent bien.

Après ce premier essai ou plutôt cette première préparation, on charge l'appareil de la manière qui va être indiquée.

Pour un appareil n° 1, on introduit huit litres d'eau dans le cylindre Y, par le bouchon marqué sur le couvercle : **matières** ; on met, par le même orifice, deux litres de carbonate de chaux, ou blanc d'Espagne en poudre, pesant environ 2 kilogrammes 600 grammes; ensuite, on introduit un litre d'eau par le bouchon marqué laveur; puis on s'assure que la soupape de la boîte à acide est bien fermée.

Cette constatation s'obtient en tournant le croisillon à gauche : alors la soupape s'ouvre, tandis qu'à droite elle se ferme. On ne doit employer que la main pour fermer ou ouvrir cette soupape.

Après s'être assuré que cette dernière est bien fermée, on verse 1 litre 1/2 d'acide sulfurique, à 66 degrés, et pesant 2 kilogrammes 760 grammes, par l'orifice marqué **acide sulfurique**.

Pour introduire cet acide, on se sert d'un entonnoir en plomb, afin d'éviter d'en laisser tomber sur le couvercle, ou autre partie de l'appareil. On ferme alors cet orifice, et celui du laveur, au moyen de leur bouchon, et on serre ceux-ci assez fortement pour qu'il n'y ait pas de fuite. L'orifice des matières laissé ouvert, on tourne la manivelle marquée S, pour mélanger le blanc et l'eau, mélange qui forme une espèce de bouillie; puis on met la main sur cet orifice, et l'on détourne à gauche le croisillon de la soupape à acide, seulement d'un quart de tour, et cela pendant quelques secondes, puis on referme immédiatement cette soupape.

Ce petit espace de temps suffit pour laisser tomber quelques gouttes d'acide sur les matières et produire intantanément un dégagement de gaz acide carbonique, dégagement qui a pour effet, de chasser l'air par l'orifice du bouchon à matières, sur lequel la main est appuyée. On recommence cette opération une ou deux fois, et toujours en laissant tomber très peu d'acide, sinon on produirait une effervescence trop forte, et le blanc ou carbonate de chaux pourrait remonter par ce même orifice.

On constate l'absence de l'air dans le cylindre, en présentant une allumette enflammée, à l'ouverture du bouchon à matières; si elle s'éteint c'est la preuve qu'il n'y a pas d'air dans l'intérieur du cylindre. Alors on ferme le bouchon, et on le serre afin d'éviter les fuites.

On peut se dispenser de cette épreuve, aussitôt qu'on est habitué au fonctionnement de l'appareil.

On doit ouvrir le croisillon du piédouche, d'un demi-tour seulement, en détournant à gauche, lorsque l'on veut que le gaz du cylindre pénètre dans la sphère.

Pour la première fois qu'on opère, il y a deux moyens d'emplir la sphère :

1° On peut la remplir à l'aide d'un broc, par l'ouverture du haut;

2° On peut également la remplir avec la pompe.

Le premier moyen est préférable, parce que, dans le second cas, il peut se produire un mélange d'air et d'eau.

La sphère étant emplie, on commence à produire du gaz de la manière suivante :

On tourne la manivelle S' lentement, c'est-à-dire de 30 à 40 tours à la minute, ensuite on ouvre le croisillon de la soupape à acide, en détournant le croisillon d'environ un quart de tour ou un demi-tour au plus, afin de laisser tomber l'acide sur les matières, tout en continuant de tourner la manivelle du cylindre Y.

Si l'aiguille du manomètre, métallique marchait trop vite, il serait nécessaire alors de fermer la soupape à acide, sans pour cela, discontinuer de tourner la manivelle.

Quand l'aiguille du manomètre marque 5 à 6 atmosphères, on retire deux à trois litres d'eau par le robinet de la machine à boucher, ou par celui à emplir les siphons. Ensuite, on ferme le robinet de l'aspiration de la pompe, qui sert à prendre l'eau dans le petit réservoir ou seau, on met en mouvement pendant quelque minutes, et avec assez de vitesse, le volant de la pompe, et alors, l'eau contenue dans la sphère A, se sature d'acide carbonique. On continue l'opération en remettant en mouvement le moussoir E du cylindre, en tournant la manivelle et en ouvrant de nouveau le croisillon de la soupape à acide; et cela jusqu'au point où l'on veut que l'aiguille du manomètre arrive, c'est-à-dire 6 à 7 atmosphères pour les bouteilles, et 10 à 12 atmosphères pour les siphons. On referme ensuite la soupape à acide, on continue à donner quelques tours à la manivelle du cylindre, et on ferme le croisillon à acide, puis, après cette fermeture, on fait faire encore quelques tours à la manivelle ; et réciproquement, avant d'ouvrir le croisillon, il est nécessaire, aussi, d'imprimer quelques tours à cette même manivelle.

Les inconvénients qui surviendraient, si on laissait la soupape ouverte, seraient que l'acide tomberait sur les matières, et qu'à la première impulsion donnée à la manivelle, une effervescence, trop précipitée, se produirait et entraînerait le blanc dans le vase laveur, dans le réservoir en plomb ou boite à acide, et même jusque dans la sphère, ce qui multiplierait les difficultés du nettoyage.

Il est donc prudent de s'assurer que cette soupape, après avoir produit la quantité de gaz nécessaire, est constamment fermée. Il est également urgent que le robinet du piédouche soit ouvert, quand on produit du gaz acide carbonique.

Ensuite on tourne la manivelle du volant assez vivement, pendant quelques minutes, afin de bien saturer l'eau avant de commencer l'emplissage.

On peut s'assurer si l'eau est bien saturée, en fermant le robinet de communication placé au centre du piédouche et en continuant à tourner le volant pendant quelques instants. Alors, si l'aiguille du manomètre ne retourne pas en arrière, c'est la preuve de la bonne saturation de l'eau.

On s'aperçoit que les matières sont épuisées, quand en tournant l'agitateur du cylindre, et en ouvrant le croisillon de la soupape à acide, l'aiguille du manomètre ne monte plus ; on doit alors procéder au changement des matières, qui s'opère en fermant le robinet de communication, qui se trouve au centre du piédouche et en dévissant d'un demi-tour le bouchon à matières placé sur le couvercle du cylindre : un petit sifflement se fait de suite entendre ; alors, on tourne lentement la manivelle pour dégager le gaz enfermé dans les matières, puis, à mesure que le sifflement diminue, on continue à dévisser le bouchon, jusqu'au moment où toute la pression est échappée du cylindre.

Lorsqu'il n'y a plus de pression, on dévisse entièrement le bouchon à matières, et on retire le résidu de l'opération, par l'ouverture G, pratiquée à la base du cylindre, résidu qui est reçu dans un seau ou baquet; afin de faciliter l'écoulement, on imprime quelques tours à la manivelle du cylindre, et l'opération terminée, on remet le bouchon.

Après l'écoulement des matières, on doit verser de l'eau, huit à dix litres environ pour le numéro 1, et davantage proportionnellement pour les numéros 2 et 3, dans le cylindre, par le bouchon à matières, en faisant faire assez vivement quelques tours à l'agitateur, et cela en vue d'obtenir un nettoyage parfait. Opération qui doit être scrupuleusement renouvelée après chaque charge épuisée.

Le bouchon de vidange, une fois remis en place, on procède à une nouvelle charge du cylindre, en opérant de la manière décrite plus haut, sans toutefois avoir besoin de soutirer trois litres d'eau dans la sphère, comme à la première opération.

Avant d'ouvrir le robinet de communication, situé au centre du piédouche, on détermine une légère pression dans le cylindre, de manière qu'en ouvrant le robinet de communication, l'aiguille du manomètre monte et ne descende pas, car si elle descendait c'est qu'il y aurait plus de pression dans la sphère, que dans le cylindre, et cette pression, en exerçant un refoulement sur la surface de l'eau contenue dans le vase laveur, la forcerait à s'écouler, sur les matières, par le tube plongeur, et alors le gaz ne serait plus lavé.

Il est essentiel, que la pression qui s'exerce dans la sphère ne dépasse pas de beaucoup la pression du cylindre, on s'en assure en observant l'aiguille du manomètre, qui doit monter lentement.

Les matières ne doivent pas séjourner plusieurs jours dans l'intérieur du cylindre, ni l'eau dans l'intérieur de la sphère. On peut conserver pendant quelques temps la pression du gaz dans la sphère, mais sans eau; par ce moyen, quand on recommence à travailler, on a, à l'avance, une pression de gaz, et il ne reste plus qu'à pomper pour introduire l'eau et continuer la fabrication.

Cette instruction s'applique indifféremment, aux appareils semi-continus nº 1, nº 2, nº 3. La dose des matières nécessaires à chaque numéro d'appareil est indiquée ci-après :

DÉSIGNATION des Appareils	ACIDE SULFURIQUE ÉTENDU DE 1/3 D'EAU en volume, ou pur.	CARBONATE DE CHAUX ou blanc d'Espagne	EAU
APPAREIL Nº 1	1 litre 1/2 pesant 2 kilos 760 gr.	2 litres pesant 2 k. 600 gr.	8 litres pesant 8 kilos
» Nº 2	3 litres pesant 5 kilos 500 gr.	4 litres pesant 5 k. 100 gr.	15 litres pesant 15 kilos
» Nº 3	4 litres 1/2 pesant 7 kilos 500 gr.	6 litres pesant 7 k. 700 gr.	20 litres pesant 20 kilos

Les proportions indiquées ci-dessus, sont au maximum pour chaque charge, il serait préférable, afin de ne pas encrasser les appareils, de mettre un peu moins de blanc et d'acide, mais alors de renouveler plus souvent la charge.

Emplissage des Siphons

On doit d'abord monter la pression de 10 à 12 atmosphères.

On place alors le siphon sur le porte vase ; on pose le pied sur la pédale C en appuyant, afin de faire monter le siphon, jusqu'à l'introduction du bec, dans l'embouchure du robinet et l'y maintenir, on couvre ensuite le siphon avec la cuirasse ou grillage, qui sert à veiller à son emplissage et à prévenir les accidents qui pourraient résulter de la rupture du verre. Le siphon ne doit être empli qu'aux neuf dixièmes environ de sa contenance, car on doit toujours laisser un peu de vide, le gaz accumulé dans ce vide, aidant à la pression qui détermine l'expulsion de l'eau gazeuse.

On abat ensuite le levier qui ouvre la soupape du siphon ; on tourne la poignée du robinet, et le siphon se remplit d'abord jusqu'aux deux tiers ; quand on voit que le liquide n'entre plus, on tourne le robinet promptement, comme si l'on voulait le fermer, et on entend alors un dégagement d'air qui se fait par la petite tubulure du robinet ; on recommence ce mouvement deux ou trois fois, pour que le siphon soit empli au degré voulu, c'est-à-dire aux neuf dixièmes environ de sa capacité.

Le siphon empli, on abandonne à lui-même le levier qui ouvrait la soupape, on ferme le robinet, on cède le pied, qui jusqu'alors avait fait pression sur la pédale, le siphon descend et on enlève ensemble du porte-vase, le siphon et la cuirasse; la main droite tenant la tête du siphon et la main gauche maintenant la cuirasse par le fond, celle-ci devant accompagner le siphon jusqu'à sa mise en place, dans la caisse destinée à le recevoir.

Cette précaution d'emporter le siphon ainsi enveloppé de sa cuirasse, garantit l'ouvrier tireur, des accidents que pourrait occasionner la rupture du vase, pendant le trajet.

Cela fait, on recommence l'opération.

Emplissage des Bouteilles

On introduit le bouchon dans le cône P, de la machine à boucher, et on le fait descendre environ à cinq millimètres du bas. On peut s'en assurer avec le doigt, ou bien au moyen d'une remarque que l'on fait sur la hauteur du levier.

On prend ensuite la bouteille de la main gauche et on la place sur le tampon, on pose le pied droit sur la pédale C, et en appuyant on élève la bouteille, jusqu'à ce qu'elle touche au disque de caoutchouc, placé à la partie inférieure du cône. La main droite doit être constamment appuyée sur le levier, afin d'empêcher que la pression ne fasse remonter le bouchon. Le pied doit toujours faire pression sur la pédale pendant l'emplissage.

Ceci fait, on tourne vers soi la cuirasse Q, et on ouvre le robinet. Le liquide coule aussitôt dans la bouteille et comprime l'air qu'elle contient; pour laisser échapper cet air on presse un coup sec sur le bouchon du dégorgeoir : l'air trouvant une issue s'échappe, et est remplacé par une nouvelle quantité d'eau gazeuse. On répète cette opération jusqu'à environ 3 à 4 centimètres du bouchon. Cette précaution est essentielle si l'on veut éviter la casse. On ferme alors le robinet, on enfonce ensuite le bouchon, en donnant plusieurs saccades par le moyen du levier, jusqu'à ce qu'on entende un petit échappement de gaz. C'est ce qui indique que le bouchon est assez enfoncé. On doit alors céder légèrement la pression du pied posé sur la pédale, et abattre le levier pour faire descendre la bouteille, en la maintenant entre ces deux pressions, c'est-à-dire, celle de la pédale et celle du levier, afin de pouvoir la retirer sans laisser échapper le bouchon. Pour retirer la bouteille, il faut nécessairement retourner la cuirasse, qui servait, pendant l'emplissage, à garantir l'ouvrier tireur, contre les accidents pouvant résulter de la rupture des bouteilles.

Si l'on est seul pour opérer, on doit, préalablement, passer une ficelle au col de la bouteille, et quand elle est pleine, on l'appuie sur le bord de l'écrou, où se trouve le disque en caoutchouc; on serre le bouchon par la moitié, en appuyant avec le pied sur la pédale, puis on prend les deux bouts de la ficelle, on fait deux tours, et on la serre énergiquement sur le bouchon.

Une fois la mise en bouteille commencée, on doit de temps en temps, alimenter la sphère d'eau, au moyen de la pompe, en ouvrant le robinet d'aspiration et en tournant le volant, jusqu'à ce que l'eau soit environ, à un tiers de la hauteur du niveau d'eau.

Aussitôt que l'eau est arrivée au tiers de la hauteur du tube du niveau d'eau, on referme le robinet d'aspiration, et on continue de tourner au volant, pendant quelques minutes, très vivement, afin que la saturation de l'eau par l'acide carbonique soit parfaite.

Si la pression au manomètre diminue, on produit à nouveau du gaz, par les moyens indiqués ci-dessus.

CHAPITRE IV

Appareil continu à colonne : Nouveau modèle groupé

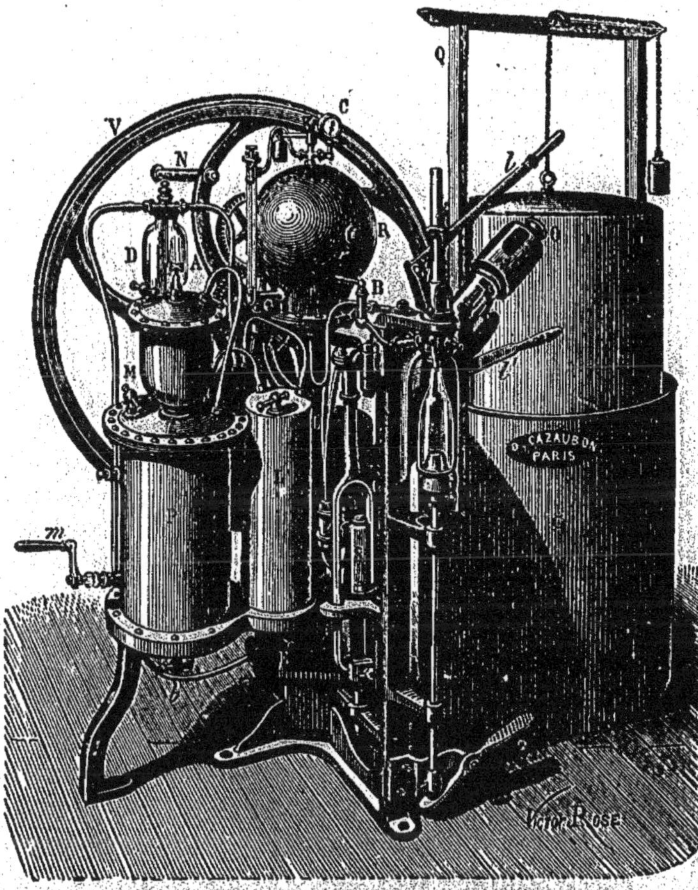

PRIX DE L'APPAREIL GROUPÉ

Appareil complet, pris au magasin, avec clefs, entonnoirs et mesures	1,500 fr.
Supplément pour fabrication des vins mousseux, compris tuyaux et robinet	35
Emballage à claire voie	55
Emballage bois plein, pour l'exportation	65

Poids de l'appareil net : 420 kilogrammes.
Poids de l'appareil emballé : 619 kilogrammes.
Cubage de la caisse : 2 mètres 500 centimètres cubes.

Légende explicative de l'Appareil groupé

C. Manomètre.
K. Soupape de sûreté.
V. Volant.
N. Manivelle du volant.
R. Spère saturateur.
r'. Stuffing-box qui s'oppose au passage de l'eau gazeuse contenue dans la sphère.
B. Robinet d'arrêt pr le tirage de la bouteille.
S. Pompe.
A. Croisillon de la soupape à acide.
D. Bouchon à manivelle pour l'introduction de l'acide.
M. Bouchon à matières.

P. Générateur ou producteur.
L. Laveur en cuivre.
b. Bouchon pour vider les matières.
m. Manivelle de l'arbre agitateur du générateur.
E. Bouchon à manivelle, pour vider les laveurs.
Q. Bâti du gazomètre.
L. Levier de la machine à boucher au liége.
O. Cuirasse.
G. Gazomètre.
l'. Petit levier pour le remplissage des siphons.

Diamètre du piston de la pompe, 45 *millimètres, course* 120 *millimètres.*

ACCESSOIRES

Entonnoir pour introduire l'eau et le carbonate de chaux.

Entonnoir en plomb pour l'introduction de l'acide.

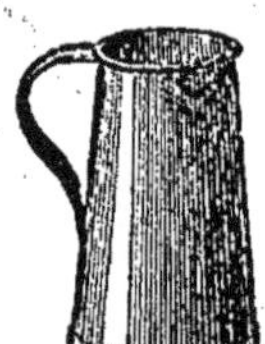
Mesure pour le Carbonate de chaux.

Entonnoir pour introduire l'eau aux laveurs.

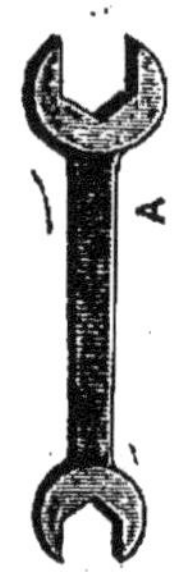

Clef pour les boîte à étoupes.

Clef pour les raccords de tuyaux.

Clef pour les boulons des joints.

Clef pour le montage du manomètre.

Clef pour le montage du cône d'embouteillage.

Clef pour l'écrou de la pompe.

On a souvent reproché aux appareils continus d'occuper trop de place. De nombreuses réclamations m'ayant été adressées à ce sujet, j'ai du imaginer une disposition entièrement neuve, et c'est alors que j'ai construit un nouveau modèle, auquel j'ai donné le nom d'appareil groupé : appareil présentant une réduction d'un tiers, sur l'emplacement occupé par le plus petit des appareils continus que je fabrique, et en effet, le modèle dont nous donnons ci-dessus le dessin n'a qu'**un mètre vingt centimètres** de large sur **un mètre soixante-quinze centimètres** de long.

Pour obtenir ce résultat, j'ai disposé sur une colonne en fonte de fer, le producteur, les laveurs, la pompe, et les deux tirages : l'un pour les siphons, l'autre pour les bouteilles.

Le modèle groupé produit par jour 1,400 bouteilles ou 1,000 siphons.

Description de l'Appareil

Cet appareil se compose :

1° D'un producteur cylindrique, en cuivre rouge martelé, et glacé au plomb intérieurement. Un agitateur mû par une manivelle y détermine la production du gaz. Ce producteur est fermé à la partie supérieure par un couvercle en cuivre rouge, également glacé au plomb, muni d'un cercle en fer et de boulons, ce qui en permet le démontage et selon le besoin, la visite intérieure.

Sur le couvercle se trouve vissé, un réservoir à acide en cuivre rouge, glacé au plomb intérieurement, et fermé, comme le producteur, au moyen d'un cercle et de boulons.

2° Une vis mûe par un croisillon, placé au centre du couvercle de la boite à acide, permet l'écoulement de celui-ci, en quantité aussi minime que possible, c'est-à-dire goutte à goutte, sur le carbonate de chaux; de plus ce couvercle est muni de deux ouvertures : l'une pour laisser agir la contre pression du gaz, l'autre pour l'introduction de l'acide.

3° Deux vases laveurs, en cuivre rouge martelé, et étamés à l'étain fin, servent à l'épuration du gaz. Dans l'intérieur de chaque laveur se trouve un diaphragme, qui a pour objet de diviser le gaz en petits globules et par suite d'obtenir un lavage parfait.

4° Un troisième laveur-indicateur en cristal, donne la faculté de pouvoir observer à tout moment, la force productrice du gaz. Si par accident, ce troisième laveur en cristal venait à être brisé, on pourrait encore fonctionner en retirant sa monture et en vissant les deux raccords ensemble. Ce moyen a été prévu afin d'éviter un arrêt dans la fabrication.

Les producteurs et les laveurs sont montés sur un socle en fonte, qui est relié à la colonne par deux boulons.

5° Un saturateur ayant la forme d'un ballon. Ce saturateur est en cuivre rouge martelé, étamé et glacé intérieurement à l'étain fin. Il est fixé sur le plateau de la colonne, et ses joints sont hermétiques au moyen d'une bride et de boulons.

6° Un arbre agitateur en bronze, portant une hélice étamée à l'étain fin, et soutenu par deux boîtes à cuir ou stuffing-box, se trouve disposé au centre du saturateur.

7° Un niveau d'eau en cristal, une soupape de sûreté et un manomètre métallique, sont également montés sur le saturateur.

8° Un volant en fonte, avec une manivelle, et un arbre en fer à villebrequin, servent à transmettre le mouvement à la pompe et à l'agitateur, et celà, à l'aide de deux engrenages, dont l'un est fixé sur l'arbre de l'agitateur de la sphère et l'autre sur l'arbre de commande.

9° Une pompe en bronze aspirante et foulante, avec robinet régulateur à cadran et aiguille, qui sert à régler le volume d'eau et de gaz, amené par chaque coup de piston.

10° Un montant en fonte, relié sur quatre points, à la colonne, et fondu en même temps, supporte la pompe, le coussinet de l'arbre de commande, le tirage au siphon et celui à la bouteille.

Ces tirages, n'ont qu'une seule pédale qui sert alternativement à l'emplissage des bouteilles ou des siphons, nous disons alternativement car l'emplissage ne saurait être simultané, puisque la bouteille n'exige qu'une pression de cinq à six atmosphères, tandis que le siphon ne peut être empli qu'avec une pression de dix à douze atmosphères.

11° Un gazomètre en tôle galvanisée, et pouvant se placer, plus ou moins loin de l'appareil, suivant la disposition du local.

A première vue, le dessin de l'appareil peut paraître un peu compliqué, mais il n'en est rien : attendu que trois personnes peuvent travailler autour, sans se gêner mutuellement. L'une tourne le volant, l'autre s'occupe de la production du gaz et la troisième remplit les siphons ou bouteilles.

Le dessin représente l'appareil fonctionnant à bras, mais on peut employer comme moteur, soit un manège, soit une machine à vapeur. Il n'y a, pour cela, qu'à adapter une poulie sur les bras du volant, ou on la fixe au moyen de trois boulons.

Avec cet appareil, on emploie indifféremment le carbonate de chaux : ou craie dite blanc d'Espagne, de la poudre de marbre, ou bien encore du bi-carbonate de soude.

Les quantités de matières à employer pour chaque charge, sont indiquées dans l'instruction ci-après.

Le prix de revient de l'eau gazeuse, fabriquée avec cet appareil, est d'environ de un centime par bouteille.

Instructions préliminaires concernant le montage

A la réception de l'appareil, il faut avoir le soin de scier les traverses ou cales de l'intérieur de la caisse : car si on les arrachait, un faux coup de marteau pourrait bien détériorer quelques pièces.

L'appareil une fois déballé, doit être placé dans un local le plus frais possible.

La haute température étant toujours nuisible, à une bonne fabrication, l'atelier doit être carrelé, bitumé ou en beton.

Les tirages ou remplissages de bouteilles et siphons, doivent être placés en pleine lumière, afin de faciliter le travail de l'ouvrier chargé de cette importante opération.

Lors de l'installation, on commence par fixer les montants du gazomètre sur la cuve, au moyen de boulons, qui se trouvent en attente sur la cuve même ; puis la traverse est assujettie à l'aide de deux goupilles.

On accroche ensuite, le contre poids de la cloche, de manière à ce que celle-ci arrivant au bout de sa course ascendante, il y ait encore quelques centimètres, avant que le poids ne touche à terre.

Le vase laveur indicateur en verre, doit être monté sur la cuvette en fonte, que l'on fixe sur le cercle de la boîte à acide.

On raccorde ensuite le tuyau cintré sur le laveur L, et le côté opposé de ce tuyau est vissé sur le laveur indicateur en verre.

Reste les deux grands tuyaux. Le premier est également vissé, d'un côté sur le laveur-indicateur en cristal et de l'autre sur le raccord du gazomètre.

Le second grand tuyau est vissé d'un coté, sur le deuxième raccord du bas du gazomètre et de l'autre sur le robinet à cadran et à aiguille, situé sur la pompe S.

Il faut que le tuyau pour l'aspiration du gaz, c'est-à-dire, celui qui est monté sur le robinet à cadran, du côté où il y a écrit le mot **Gaz**, soit cintré, en forme de col de cygne, et que l'autre soit élevé de deux à trois centimètres au-dessus du seau ou réservoir à eau.

Il ne faut pas oublier un détail qui a une grande importance, par rapport au bon fonctionnement de la pompe, à savoir : que le réservoir doit toujours être maintenu à peu près plein d'eau.

L'eau à employer doit être filtrée et rafraîchie pendant les grandes chaleurs, soit avec de la glace, soit au moyen d'eau de puits, qu'on fait constamment circuler autour du petit réservoir.

Ces dispositions une fois prises, on monte ensuite le volant, ainsi que la manivelle, en ayant soin de bien claveter ; on fixe le manomètre sur la soupape de sûreté, qui surmonte la sphère, et on place le contre poids de la soupape de sûreté sur son levier.

En remontant le pied qui supporte le générateur et les boulons qui relient la plaque à la colonne, il faut avoir soin, que le tout porte bien, soit bien d'équerre, sur la pierre ou sur les chassis en bois. Si en serrant les boulons et les vis, les pattes ne portait pas, on risquerait de les casser.

Il est nécessaire aussi, de s'assurer si tous les raccords sont bien serrés, et ne pas oublier de mettre des rondelles de cuir à tous les joints hermétiques.

Il faut également serrer les raccords avec modération, afin, de ne tordre ni s'exposer à rompre les tuyaux.

Avant de fonctionner, on doit nettoyer le piston de la pompe, puis, le graisser avec un peu de beurre frais, et recommencer ce nettoyage chaque fois qu'on se sert de l'appareil. Il est, de plus, indispensable de graisser tous les mouvements, tous les organes agissants, avec de l'huile de pied de bœuf, ou à son défaut avec de l'huile d'olive.

Manière de faire fonctionner l'Appareil continu, nouveau modèle groupé.

1° Introduire par le bouchon M, dans le générateur P, vingt litres d'eau pesant vingt kilogrammes, et six litres de carbonate de chaux ou blanc d'Espagne pulvérisé pesant sept kilogrammes 700 grammes. Faire faire quelques tours à la manivelle M, du générateur P, afin de mélanger les matières, et en faire une bouillie.

2° S'assurer que le croisillon de la soupape à acide marqué A, est bien fermée. Il se ferme en tournant à droite et s'ouvre en tournant à gauche.

Quand on sent une résistance, cela indique que la soupape est fermée. On introduit alors, quatre litres d'acide sulfurique à 66 degrés, pesant 7 kilogrammes 300 grammes, par le bouchon D, puis on remet en place les deux bouchons D, M.

3° On introduit ensuite, par les deux bouchons à manivelle, de l'eau dans les deux laveurs L, de manière à les emplir jusqu'aux trois quarts de leur capacité, c'est-à-dire jusqu'aux bouchons de jauge, et toutes les ouvertures sont alors refermées.

4° On verse aussitôt après, de l'eau dans le laveur-indicateur en verre, environ jusqu'aux deux tiers de la capacité du récipient, cette introduction d'eau, se fait par l'orifice qui surmonte ce laveur.

5° On met ensuite en mouvement la manivelle M, du générateur P, on ouvre le croisillon A, à peu près d'un quart de tour, on continue de tourner la manivelle M, à la vitesse de trente à quarante tours à la minute. Pour produire le gaz, on règle cette production, en observant le bouillonnement qui se manifeste dans le laveur-indicateur en cristal, en ayant soin d'éviter que ce bouillonnement soit trop fort, car alors l'eau pourrait être chassée dans le gazomètre G.

6° Quand la cloche du gazomètre est montée à un tiers de sa hauteur, on ferme le croisillon de la soupape à acide A, et on ouvre le robinet qui se trouve au-dessus de la cloche, on appuie sur celle-ci, afin de la faire descendre et en chasser l'air.

Cette manœuvre ne se fait qu'une première fois, c'est-à-dire quand on commence à fonctionner.

La cloche une fois descendue, on referme aussitôt le robinet, et la production du gaz s'opère alors régulièrement et dans de bonnes conditions pratiques. Le gazomètre G, s'emplit de nouveau, et on le laisse monter, jusqu'à ce qu'il soit arrivé aux trois quarts environ de sa hauteur.

C'est à ce moment seulement, qu'on procède à la fabrication de l'eau gazeuse.

7° On met la pompe en mouvement au moyen du volant V, puis, on ouvre le robinet d'aspiration du gaz acide carbonique, placé près de la pompe S, en mettant l'aiguille sur le n° 1, ce qui indique que le gaz est entièrement ouvert et le robinet à eau presque fermé. Si la pompe ne s'amorçait pas, il faudrait ramener l'aiguille sur le n° 3 ou 4 pendant deux ou trois coups de piston, et aussitôt amorcée, ramener l'aiguille sur le n° 1.

On continue de pomper jusqu'à ce que l'aiguille du manomètre marque cinq ou six atmosphères, mais si l'eau ne paraissait pas au niveau d'eau, il faudrait alors ramener l'aiguille sur le n° 2, car, nous l'avons dit, c'est le cadran du robinet qui sert de régulateur pour la distribution quantitative, de l'eau et du gaz, à introduire dans la sphère.

Le gaz monte plus difficilement que l'eau, il est donc préférable de commencer par lui, et d'en introduire préalablement une quantité assez considérable. La hauteur de l'eau ne doit pas dépasser le milieu de la sphère, ce dont on se rend compte par le tube du niveau d'eau. Quant à la pression du gaz, elle doit être de sept à huit atmosphères pour les limonades et eaux-de-seltz, bouchées au liége, et de onze à douze atmosphères pour le remplissage des siphons. Si bien, que dans un temps donné, la quantité d'eau gazeuse produite, devient égale à celle introduite dans les bouteilles par le tireur.

8° Si l'eau pendant le travail, dépassait le milieu du niveau d'eau, il faudrait fermer le robinet, en ramenant l'aiguille sur la lettre F, qui indique que l'orifice de l'introduction de l'eau est fermé ; si au contraire l'eau baissait dans le niveau d'eau, il faudrait ramener l'aiguille sur la lettre O, qui signifie, que l'orifice de l'introduction est ouvert.

9° La première fois que l'on opère, il est nécessaire de remplir entièrement d'eau la sphère R, pour en chasser l'air et retirer le goût du métal. De plus on doit agiter cette eau, en tournant le volant, et en aspirant du gaz, afin de donner de la pression, pour vider et aider à l'écoulement de cette première eau de lavage.

10° Quand les matières du générateur P, sont épuisées, on s'en aperçoit en ouvrant le croisillon de la soupape à acide A, et en tournant la manivelle M.

S'il ne se produit plus de bouillonnement, dans le laveur-indicateur, c'est le signe qu'il faut renouveler les matières. Les matières épuisées sont extraites par l'ouverture du bouchon *b*, à cet effet, on dévisse le bouchon *b*, ainsi que le bouchon M, placé sur le couvercle. On tourne la manivelle *m*, afin de faciliter l'écoulement des matières, qu'on recueille dans un baquet destiné à cet usage.

Quand ces matières sont écoulées, on revisse le bouchon *b*, et on introduit par l'ouverture M, dix-huit à vingt litres d'eau, pour bien laver le générateur; on aide même à ce lavage en tournant vivement la manivelle *m*, on vide cette eau très chargée de blanc par le bouchon *b*, puis on recommence la charge avec de nouvelles matières neuves.

Le lavage est urgent, pour éviter la formation d'une couche calcaire, qui s'attacherait aux parois du cylindre, et en diminuerait par suite la capacité; puis, qui finirait par s'opposer aux mouvements de l'agitateur.

11° L'eau des laveurs se change une fois par jour. Il est avantageux d'introduire quelques kilogrammes de gros charbon de bois entier, après toutefois l'avoir préalablement lavé, dans l'eau du gazomètre, afin d'en conserver plus longtemps la pureté, car personne n'ignore aujourd'hui que le charbon est un excellent anti-septique.

L'eau du gazomètre doit être renouvelée tous les mois.

Observations. — 1° Ne jamais oublier de fermer le croisillon A, de la soupape à acide, du générateur P. Chaque fois qu'on cesse de tourner la manivelle, si l'on oubliait cet important détail, tout l'acide tomberait sur les matières et produirait une telle effervescence dans celles-ci, qu'elles passeraient dans les tuyaux des laveurs, et même jusque sous le gazomètre.

2° Quand on veut remplir le gazomètre d'eau, il faut ouvrir le robinet de la cloche pour que l'air puisse s'échapper : et quand on veut vider le gazomètre, il faut également l'ouvrir afin d'éviter le vide.

3° Pour les appareils destinés à fonctionner à la vapeur, la vitesse doit être au maximum de 80 à 90 tours par minute. Dans le même espace de temps, le générateur doit faire 35 à 40 tours.

Emplissage des Siphons

On doit d'abord monter la pression à 10 ou 12 atmosphères.

On place alors le siphon sur le porte-vase ; on pose le pied sur la pédale C, en appuyant, afin de faire monter le siphon, jusqu'à l'introduction du bec, dans l'embouchure du robinet, et l'y maintenir. On couvre ensuite le siphon avec la cuirasse ou grillage qui sert à veiller à son emplissage, et à prévenir les accidents qui pourraient résulter de la rupture du verre. Le siphon ne doit être empli qu'aux neuf dixièmes, environ, de sa contenance, car on doit toujours laisser un peu de vide, le gaz accumulé dans ce vide, aidant à la pression qui détermine l'expulsion de l'eau gazeuse.

On abat ensuite le laveur qui ouvre la soupape du siphon ; on tourne la poignée du robinet jusqu'aux deux tiers ; quand on voit que le liquide n'entre plus, on tourne le robinet promptement, comme si l'on voulait le fermer, et l'on entend alors, un dégagement d'air qui se fait par la petite tubulure du robinet ; on recommence le mouvement deux ou trois fois, pour que le siphon soit empli au degré voulu, c'est-a-dire aux neuf dixièmes environ de sa capacité.

Le siphon empli, on abandonne à lui même le levier qui ouvrait la soupape, on ferme le robinet, on cède le pied qui jusqu'alors avait fait pression sur la pédale, le siphon descend, et on enlève ensemble du porte vase, le siphon et la cuirasse ; la main droite tenant la tête du siphon et la main gauche maintenant la cuirasse par le fond, celle-ci devant accompagner le siphon, jusqu'à sa mise en place, dans la caisse destinée à le recevoir.

Cette précaution d'emporter le siphon ainsi enveloppé de la cuirasse, garantit l'ouvrier tireur, des accidents que pourrait occasionner la rupture du vase pendant le tirage.

Cela fait, on recommence l'opération.

Emplissage des Bouteilles

On introduit le bouchon dans le cône P, de la machine à boucher et on le fait descendre environ à cinq millimètres du bas. On peut s'en assurer avec le doigt, ou bien au moyen d'une remarque que l'on fait sur la hauteur du levier.

On prend ensuite la bouteille de la main gauche et on la place sur le tampon, on pose le pied droit sur la pédale, et en appuyant on élève la bouteille, jusqu'à ce qu'elle touche le disque de caoutchouc, placé à la partie inférieure du cône. La main droite doit être constamment appuyée sur le levier, afin d'empêcher que la pression ne fasse remonter le bouchon. Le pied doit toujours faire pression sur la pédale, pendant l'emplissage.

Ceci fait, on tourne vers soi la cuirasse Q, et on ouvre le robinet. Le liquide coule aussitôt dans la bouteille et comprime l'air qu'elle contient; pour laisser échapper cet air, on presse d'un coup sec sur le bouchon du dégorgeoir : l'air trouvant une issue s'échappe et est remplacé par une nouvelle quantité d'eau gazeuse, on répète l'opération jusqu'à ce que l'eau soit à trois ou quatre centimètres du bouchon. Cette précaution est essentielle si on veut éviter la casse.

On ferme alors le robinet, on enfonce ensuite le bouchon, en donnant plusieurs saccades par le moyen du levier, jusqu'à ce qu'on entende un petit échappement de gaz. C'est ce qui indique que le bouchon est assez enfoncé. On doit alors céder légèrement la pression du pied, posé sur la pédale, et abattre le levier pour faire descendre la bouteille, en la maintenant entre ces deux pressions, c'est-à-dire, celle de la pédale et celle du levier, afin de pouvoir la retirer sans laisser échapper le bouchon. Pour retirer la bouteille, il faut nécessairement enlever la cuirasse qui servait pendant l'emplissage, à garantir l'ouvrier tireur, contre les accidents pouvant résulter de la rupture des bouteilles.

Si on est seul pour opérer, on doit, préalablement, poser une ficelle au col de la bouteille, et quand celle-ci est pleine, on l'appuie sur le bord de l'écrou, où se trouve le disque en caoutchouc ; on serre le bouchon par la moitié, en appuyant le pied sur la pédale, puis on prend les deux bouts de la ficelle, on fait deux tours, et on la serre énergiquement sur le bouchon.

Une fois la mise en bouteille commencée, on doit de temps en temps alimenter la sphère d'eau et de gaz, au moyen de la pompe et du volant ; on conserve ainsi la hauteur de l'eau, et la même pression de gaz au manomètre.

CHAPITRE V

Appareil continu à colonne, N° 2, et à une Pompe; fonctionnant à bras, pour la fabrication des Eaux-de-Seltz, Limonades et Vins mousseux.

PRIX DE L'APPAREIL N° 2

AVEC CLEFS, ENTONNOIRS ET MESURES

Appareil complet avec accessoires	1800 fr.
Supplément de 3 mètres 50 centimètre, tuyaux en étain et robinet pour vins mousseux	50
Emballage de l'appareil à claire-voie	60
Emballage de l'appareil bois plein, pour l'exportation	70

Poids nèt de l'appareil : 600 kilogrammes.
Poids de l'appareil emballé : 815 kilogrammes.
Cubage : 3 mètres 400 centimètres cubes.

Légende explicative de l'Appareil continu à colonne, N° 2

(Voir la planche ci-contre)

C. Manomètre métallique.
K. Soupape de sûreté.
V. Volant.
N. Manivelle du volant.
i' Stuffing-box ou boite à cuir, pour supporter l'extrémité de l'arbre de l'agitateur.
u. Stuffing-box ou boite à cuir, pour supporter la partie antérieure, de l'arbre de l'agitateur.
I. Engrenage.
f. Pompe.
Z. Embranchement des tuyaux.
r. Robinet de tirage à la bouteille.
ll'. Levier de la machine à boucher au liège et levier du porte-vase aux siphons.
P. Pédale.
B. Robinet à double soupape, pour emplir les siphons.
Y. Tuyaux en étain, pour le remplissage.
A. Croisillon de la soupape à acide.
S. Tuyaux de contre pression, sur le réservoir à acide.
H. Réservoir à acide.
e. Bouchon à manivelle pour l'emplissage des laveurs.
L.L. Laveurs.
P. Générateur ou Producteur.
E. E. Bouchons pour vider les laveurs.
b. Bouchon à manivelle pour vider le générateur.
D. Laveur indicateur en verre.
Q. Bâti du gazomètre.
G. Cuve du gazomètre.

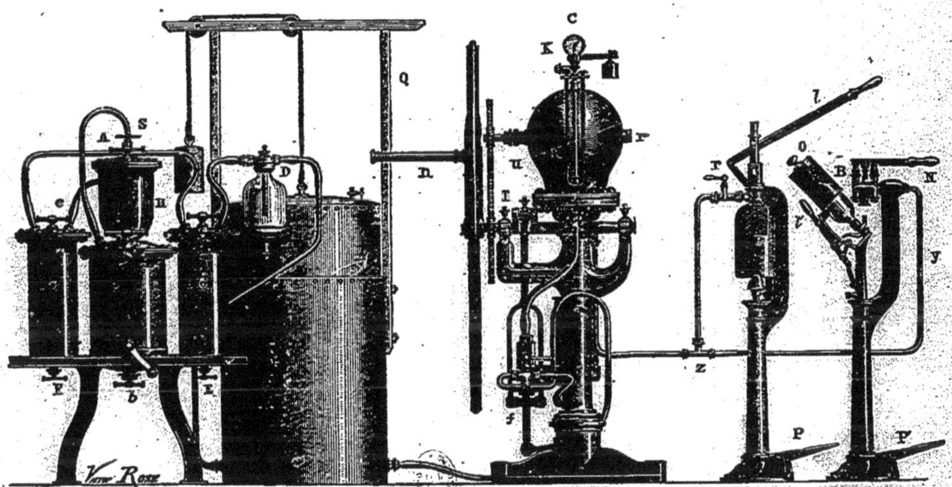

APPAREIL CONTINU A COLONNE, N° 2 ET A UNE POMPE; FONCTIONNANT A BRAS

POUR LA FABRICATION DES EAUX DE SELTZ, LIMONADES ET VINS MOUSSEUX

Le même modèle, devant marcher à la vapeur ou par manége, exige l'addition de deux poulies, qui augmentent le prix de l'appareil de 50 francs.

Si de plus, on désire que l'agitateur du générateur, au lieu de fonctionner à bras, fonctionne automatiquement, au moyen de la vapeur ou d'un manége, on devra ajouter deux poulies, qui augmenteront le prix de l'appareil de 40 francs.

Soit pour les deux additions 90 francs.

L'appareil continu à colonne n° 2 et à une pompe fonctionnant à bras, peut produire par journée de travail 1,800 bouteilles ou 1,400 siphons.

ACCESSOIRES

Entonnoir pour introduire l'eau et le carbonate de chaux.

Entonnoir en plomb pour l'introduction de l'acide.

Mesure pour le carbonate de chaux.

Entonnoir pour introduire l'eau aux laveurs.

Clef pour les boîtes à étoupes.

Clef pour les raccords de tuyaux.

Clef pour les boulons des joints.

Clef pour le montage du manomètre.

Clef pour le montage du cône d'embouteillage.

Clef pour écrou de la pompe.

La consommation toujours croissante des boissons gazeuses, exige aujourd'hui dans les grandes villes, des appareils d'une importante production, à laquelle on ne saurait arriver qu'au moyen d'appareils continus, qui peuvent seuls répondre à tous les besoins. Nous en construisons, sur le même modèle, de trois dimensions différentes, à une ou deux pompes.

Le dessin ci-contre, représente l'appareil complet n° 2, fonctionnant à bras. On peut également le faire fonctionner à l'aide d'un moteur, soit par vapeur, soit par manège, et cela en adaptant une poulie sur l'extrémité de l'arbre de commande, qui est toujours disposé à cet effet.

On peut aussi le faire marcher avec deux manivelles à bras.

Ce premier modèle n'occupe qu'un emplacement de **trois mètres** de long, sur **un mètre cinquante** de large; sa construction permet de le placer : soit en ligne droite, soit en retour d'angle, c'est-à-dire dans une encoignure, suivant le local dont on peut disposer, à la volonté de celui qui en fait usage.

Le gazomètre, le producteur, et les deux tirages au siphon et à la bouteille, peuvent être rapprochés ou éloignés, suivant le besoin, du saturateur.

La construction de cet appareil est irréprochable, soit au point de vue de sa solidité, soit au point de vue de son excellent fonctionnement.

L'industriel qui a l'intention de monter une fabrique de boissons gazeuses, ne doit se décider, dans le choix des appareils qu'après mûres réflexions et un profond examen, et cela, d'autant plus, que ces sortes de machines, constituent une branche spéciale de la mécanique, dont le monopole appartient à un certain groupe de mécanicien : ce qui rend les réparations difficiles, surtout, lorsqu'on habite la province. Il est donc nécessaire de faire un choix sérieux, de s'adresser au fabricant, qui offre de réelles garanties, et de se défier particulièrement de ces appareils bon marché, qui n'ont ni solidité, ni durée, et qui par le fait des réparations, dont ils sont continuellement l'objet, sont encore d'une valeur considérable, par rapport à leur inutilité.

Description de l'Appareil continu à colonne n° 2

1° Le générateur ou producteur, est en cuivre rouge martelé, et glacé intérieurement d'une couche de plomb, au moyen du chalumeau à gaz; ce qui permet, le dépôt uniforme d'un revêtement métallique de cinq millimètres d'épaisseur. Cet étamage au plomb, fait corps avec le cuivre, et forme sur ce dernier métal une véritable coquille, sans solution de continuité, par suite, l'acide ne peut plus avoir aucun contact avec le cuivre.

Un arbre agitateur en bronze, avec hélice, le tout *étamé*, sert à mélanger les matières, et un bouchon à manivelle, placé au-dessous de l'appareil générateur, est destiné à vider les matières, quand celles-ci sont épuisées.

Un couvercle en cuivre rouge, également glacé au plomb ferme le générateur, ce couvercle est fixé au moyen de boulons.

2° Au-dessus du couvercle, se trouve un réservoir en cuivre, à acide. Ce réservoir est comme le générateur, aussi, glacé au plomb intérieurement, et est destiné à contenir l'acide sulfurique. C'est au moyen d'une soupape régulatrice, qui laisse écouler graduellement l'acide sur les matières, que l'on obtient la régularité de la production du gaz.

3° Deux vases laveurs, en cuivre rouge, étamés à l'étain fin, et munis de diaphragmes à l'intérieur, en vue de la parfaite épuration du gaz. La fermeture de ces laveurs est obtenue au moyen d'un couvercle avec brides et boulons; si bien qu'à l'aide de cette fermeture la personne la moins initiée à cette industrie, peut faire la vérification intérieure et le nettoyage, ainsi que le remontage, sans avoir recours à un homme du métier.

4° Un vase laveur-indicateur, en cristal, indiquant comment la production du gaz doit être faite. Au besoin on peut se dispenser de ce laveur, car les raccords sont disposés, pour se relier, en cas d'accidents ou autres, avec les tuyaux.

Le générateur et les laveurs sont montés, sur un banc en fonte, supporté par quatre pieds, ce qui donne à l'appareil une grande solidité, de l'élégance même, mais, surtout, ce qui en rend le fonctionnement des plus faciles et des moins fatigants.

5° Le gazomètre composé d'une cuve et d'une cloche mobile est en tôle très-forte, galvanisée. Les tuyaux d'introduction et de sortie du gaz sont en plomb doublé d'étain et fixés sur le gazomètre, avec des raccords pouvant facilement se monter et se démonter.

6° Tout le mécanisme de l'appareil saturateur, est disposé sur une colonne en fonte. Nous y avons apporté un grand perfectionnement, qui consiste à rapprocher la pompe, du centre de la colonne. Tout le travail se fait par un arbre à villebrequin, maintenu fixe entre deux supports, le volant en est rapproché jusqu'à la limite extrême.

Par cette disposition nouvelle, aucun des organes ne peut porter à faux, et par suite l'appareil a plus de solidité, moins de frottement et plus de durée.

7° La sphère en cuivre rouge martelé, étamée et glacée à l'étain fin, est munie d'appareils de sûreté : niveau d'eau, manomètre métallique et soupape.

8° Un agitateur à hélice, maintenu par deux boîtes à étoupes. Celle située du côté de l'engrenage, est munie de deux fermetures différentes, savoir : une fermeture placée dans l'intérieur de la sphère, sur cuir embouti, et l'autre à l'extérieur, qui est fermée à l'aide de rondelles de cuir; le tout est serré et rendu hermétique par un écrou à vis.

9° Le saturateur, qui a la forme d'un ballon, est relié sur la colonne en fonte par des boulons en fer.

10° Un robinet de retenue, est disposé au-dessous du plateau de la colonne, par un raccord, à l'aide d'un écrou mobile, ce robinet conduit l'eau par un tuyau en étain, au tirage à la bouteille, et à celui des siphons.

11° Le tirage à la bouteille est composé d'une colonne en fonte de fer, sur laquelle est placé un conducteur en bronze, avec levier cône et robinet d'emplissage.

Une cuirasse mobile, sert à garantir de tous accidents l'ouvrier tireur.

La colonne est creuse, et permet intérieurement le fonctionnement d'une tige en fer, qui en rapport avec la pédale, détermine la descente ou la montée de la bouteille à emplir d'eau saturée de gaz.

12° Le tirage au siphon, est composé d'un robinet en bronze, dit à double soupape; d'un porte-vase, avec une disposition particulière, pour l'ouverture et la fermeture du siphon, et d'une cuirasse mobile, pour garantir l'ouvrier tireur, de la rupture des vases siphoïdes, dans le cas de verres défectueux.

Le mouvement de haut en bas, s'opère, comme pour le tirage à la bouteille: au moyen d'une pédale.

Instructions préliminaires concernant le montage.

A la réception de l'appareil, il faut avoir le soin de scier les traverses ou cales de l'intérieur de la caisse; car si on les arrachait, un faux coup de marteau pourrait bien détériorer quelques pièces.

L'appareil une fois déballé, doit être placé dans un local le plus frais possible.

La haute température étant toujours nuisible, à une bonne fabrication, l'atelier doit être carrelé, bitumé ou en beton.

Les tirages ou remplissages de bouteilles et siphons, doivent être placés en pleine lumière, afin de faciliter le travail de l'ouvrier chargé de cette importante opération.

Lors de l'installation, on commence par fixer les montants du gazomètre sur la cuve, au moyen de boulons, qui se trouvent en attente sur la cuve même; puis la traverse est assujettie à l'aide de deux goupilles.

On accroche ensuite, le contre poids de la cloche, de manière à ce que celle-ci, arrivant au bout de sa course ascendante, il y ait encore quelques centimètres avant que le poids ne touche à terre.

Le vase laveur indicateur en verre, doit être monté sur la cuvette en fonte, que l'on fixe sur le cercle de la boîte à acide.

On raccorde ensuite le tuyau cintré sur le laveur L, et le côté opposé de ce tuyau est vissé sur le laveur indicateur en verre.

Restent les deux grands tuyaux. Le premier est également vissé, d'un côté sur le laveur-indicateur en cristal et de l'autre sur le raccord du gazomètre.

Le second grand tuyau est vissé d'un côté, sur le deuxième raccord du bas du gazomètre et de l'autre sur le robinet à cadran et à aiguille, situé sur la pompe S.

Il faut que le tuyau pour l'aspiration du gaz, c'est-à-dire, celui qui est monté sur le robinet à cadran, du côté ou il y a écrit le mot **gaz**, soit cintré, en forme de col de cygne, et que l'autre soit élevé de deux à trois centimètres au-dessus du seau ou réservoir à eau.

Il ne faut pas oublier un détail qui a une grande importance, par rapport au bon fonctionnement de la pompe, à savoir : que le réservoir doit toujours être maintenu à peu près plein d'eau.

L'eau à employer doit être filtrée et rafraîchie pendant les grandes chaleurs, soit avec de la glace, soit au moyen de l'eau de puits, qu'on fait constamment circuler autour du petit réservoir.

Ces dispositions une fois prises, on monte ensuite le volant, ainsi que la manivelle, en ayant soin de bien claveter, on fixe le manomètre sur la soupape de sûreté, qui surmonte la sphère, et on place le contre-poids, de la soupape de sûreté sur son levier.

En remontant le pied qui supporte le générateur et les boulons qui relient la plaque à la colonne, il faut avoir soin, que le tout porte bien, soit bien d'équerre, sur la pierre, ou sur le chassis en bois. Si en serrant les boulons et les vis, les pattes ne portaient pas, on risquerait de les casser.

Il est nécessaire aussi, de s'assurer si tous les raccords sont bien serrés, et ne pas oublier de mettre des rondelles de cuir à tous les joints hermétiques.

Il faut également serrer les raccords, avec modération afin de ne tordre ni de s'exposer à rompre les tuyaux.

Avant de fonctionner, on doit nettoyer le piston de la pompe et le graisser avec un peu de beurre frais, et recommencer ce nettoyage chaque fois qu'on se sert de l'appareil. Il est, de plus, indispensable de graisser tous les mouvements, tous les organes agissants avec de l'huile de pied de bœuf, ou à son défaut avec de l'huile d'olive.

Manière de faire fonctionner l'appareil continu à colonne, N° 2

1° Introduire par le bouchon à matières placé au-dessus du générateur P, vingt-quatre litres d'eau, pesant vingt-quatre kilogrammes et huit litres ou dix kilogrammes de blanc d'Espagne ou carbonate de chaux pulvérisé.

Faire faire quelques tours à la manivelle du générateur P, afin de mélanger les matières et en faire une bouillie.

2° S'assurer que le croisillon de la soupape à acide marqué A, est bien fermé. Il se ferme en tournant à droite et s'ouvre en tournant à gauche.

Quand on sent une résistance, cela indique que la soupape est fermée. On introduit alors cinq litres d'acide sulfurique à 66 degrés, pesant 9 kilogrammes 200 grammes, par le bouchon du réservoir à acide placé sur le couvercle, puis on remet en place les deux bouchons.

3° On introduit ensuite par les deux ouvertures E.E. des laveurs L.L. de l'eau de manière à les emplir jusqu'aux trois quarts de leur capacité, c'est-à-dire jusqu'aux bouchons de jauge, et toutes les ouvertures sont alors refermées.

4° On verse aussitôt après, de l'eau dans le laveur-indicateur en verre, environ jusqu'aux deux tiers de la capacité du récipient, cette introduction d'eau, se fait par l'orifice qui surmonte le laveur.

5° On met ensuite en mouvement la manivelle du générateur P, on ouvre le croisillon A, à peu près d'un quart de tour, on continue de tourner la manivelle à la vitesse de trente à quarante tours à la minute. Pour produire le gaz, on règle cette production en observant le bouillonnement qui se manifeste dans le laveur-indicateur en cristal, en ayant soin d'éviter que ce bouillonnement soit trop fort, car alors l'eau pourrait être chassée dans le gazomètre G.

6° Qnand la cloche du gazomètre est montée à un tiers de sa hauteur, on ferme le croisillon de la soupape à acide A, et on ouvre le robinet qui se trouve au-dessus de la cloche, on appuie sur celle-ci, afin de la faire descendre, et en chasser l'air.

Cette manœuvre ne se fait qu'une première fois, c'est-à-dire quand on commence à fonctionner.

La cloche une fois descendue, on referme aussitôt le robinet, et la production du gaz s'opère alors régulièrement et dans de bonnes conditions pratiques. Le gazomètre G, s'emplit à nouveau et on le laisse monter, jusqu'à ce qu'il soit arrivé au trois quarts environ de sa hauteur. C'est à ce moment seulement qu'on procède à la fabrication de l'eau gazeuse.

7° On met la pompe en mouvement au moyen du volant V, puis, on ouvre le robinet d'aspiration du gaz acide carbonique, placé près de la pompe F, en mettant l'aiguille sur le numéro 1, ce qui indique que le gaz est entièrement ouvert et le robinet à eau presque fermé. Si la pompe ne s'amorçait pas il faudrait ramener l'aiguille sur le n° 3 ou 4, pendant deux ou trois coups de piston, et aussitôt amorcée, ramener l'aiguille sur le n° 1.

On continue à pomper jusqu'à ce que l'aiguille du manomètre marque cinq ou six atmosphères, mais si l'eau ne paraissait pas au niveau d'eau, il faudrait alors ramener l'aiguille sur le n° 2, car nous l'avons dit, c'est le cadran du robinet qui sert de régulateur pour la distribution quantitative, de l'eau et du gaz, à introduire dans la sphère.

Le gaz monte plus difficilement que l'eau, il est donc préférable de commencer par lui et d'en introduire préalablement une quantité assez considérable. La hauteur de l'eau ne doit pas dépasser le milieu de la sphère, ce dont on se rend compte par le tube du niveau d'eau. Quand à la pression du gaz, elle doit être de 7 à 8 atmosphères pour les limonades et eaux-de-seltz bouchées au liège, et de 11 à 12 atmosphères pour le remplissage des siphons. Si bien, que dans un temps donné, la quantité d'eau gazeuse produite, devient égale à celle introduite, dans les bouteilles par le tireur.

8° Si l'eau pendant le travail, dépassait le milieu du niveau d'eau, il faudrait fermer le robinet, en ramenant l'aiguille sur la lettre F, qui indique que l'orifice de l'introduction de l'eau est fermé; si au contraire l'eau baissait dans le niveau d'eau, il faudrait ramener l'aiguille sur la lettre O, qui signifie que l'orifice de l'introduction est ouvert.

9° La première fois que l'on opère, il est nécessaire de remplir entièrement d'eau la sphère R, pour en chasser l'air et retirer le goût du métal. De plus on devra agiter cette eau, en tournant le volant, et en aspirant du gaz, afin de donner assez de pression, pour vider et aider à l'écoulement de cette première eau de lavage.

10° Quand les matières du générateur P, sont épuisées, on s'en aperçoit en ouvrant le croisillon de la soupape à acide A, et en tournant la manivelle M.

S'il ne se produit plus de bouillonnement dans le laveur-indicateur, c'est le signe qu'il faut renouveler les matières. Les matières épuisées sont extraites par l'ouverture du bouchon b, à cet effet, on dévisse le bouchon b, ainsi que le bouchon M, placé sur le couvercle. On tourne la manivelle M, afin de faciliter l'écoulement des matières, qu'on recueille dans un baquet destiné à cet usage. Quand ces matières sont écoulées, on revisse le bouchon b, et on introduit par l'ouverture M, dix-huit à vingt litres d'eau, pour bien laver le générateur, on aide même à ce lavage en tournant vivement la manivelle M, on vide cette eau très-chargée de blanc par le bouchon b, puis on recommence la charge de matières neuves.

Le lavage est urgent, pour éviter la formation d'une couche de calcaire, qui s'attacherait aux parois du cylindre, qui en diminuerait par suite la capacité, et qui finirait par s'opposer aux mouvements de l'agitateur.

11° L'eau des laveurs se change une fois par jour. Il est avantageux d'introduire quelques kilogrammes de gros charbon de bois entier, après toutefois l'avoir préalablement lavé, dans l'eau du gazomètre, afin d'en conserver plus longtemps la pureté, car personne n'ignore aujourd'hui, que le charbon est un excellent anti-septique.

L'eau du gazomètre doit être renouvelée tous les mois.

Observations. — 1° Ne jamais oublier de fermer le croisillon A, de la soupape à acide, du générateur P. Chaque fois qu'on cesse de tourner la manivelle, si l'on oubliait cet important détail, tout l'acide tomberait sur les matières et produirait une telle effervescence, qu'elles passeraient dans les tuyaux des laveurs, et jusque sous le gazomètre.

2° Quand on veut remplir le gazomètre d'eau, il faut ouvrir le robinet placé sur la cloche, pour que l'air puisse s'échapper; et quand on veut vider le gazomètre, il faut également l'ouvrir afin d'éviter le vide.

3° Pour les appareils destinés à fonctionner à la vapeur, la vitesse doit être au maximum de 80 à 90 tours à la minute. Dans le même espace de temps, le producteur doit faire 35 à 40 tours.

Emplissage des Siphons

On doit d'abord monter la pression de 10 à 12 atmosphères.

On place alors le siphon sur le porte-vase ; on pose le pied sur la pédale P, en appuyant, afin de faire monter le siphon, jusqu'à l'introduction du bec, dans l'embouchure du robinet, et l'y maintenir; on couvre ensuite le siphon avec la cuirasse ou grillage, qui sert à veiller à son emplissage, et à prévenir les accidents, qui pourraient résulter de la rupture du verre. Le siphon ne doit être empli qu'aux neuf dixièmes environ de sa contenance, car on doit toujours laisser un peu de vide, le gaz accumulé dans ce vide aidant à la pression, qui détermine l'expulsion de l'eau gazeuse.

On abat ensuite le levier qui ouvre la soupape du siphon, on tourne la poignée du robinet jusqu'aux deux tiers ; quand on voit que le liquide n'entre plus, on ramène le robinet promptement, comme si l'on voulait le fermer, et l'on entend alors un dégagement d'air, qui se fait par la petite tubulure du robinet; on recommence ce mouvement deux ou trois fois, pour que le siphon soit empli au degré voulu, c'est-à-dire aux neuf dixièmes environ de sa capacité.

Le siphon empli, on abandonne à lui-même le levier qui ouvrait la soupape, on ferme le robinet, on cède le pied, qui jusqu'alors avait fait pression sur la pédale, le siphon descend, et on enlève ensemble du porte-vase, le siphon et la cuirasse; la main droite tenant la tête du siphon et la gauche maintenant la cuirasse par le fond, celle-ci devant accompagner le siphon, jusqu'à sa mise en place, dans la caisse destinée à le recevoir.

Cette précaution d'emporter le siphon ainsi enveloppé de sa cuirasse, garantit l'ouvrier tireur des accidents que pourrait occasionner la rupture du vase, pendant le trajet.

Cela fait, on recommence l'opération.

Emplissage des Bouteilles

On introduit le bouchon dans le cône K de la machine à boucher, et on le fait descendre environ à 5 millimètres du bas. On peut s'en assurer avec le doigt, ou bien au moyen d'une remarque que l'on fait sur la hauteur du levier.

On prend ensuite la bouteille de la main gauche et on la place sur le tampon, on pose le pied droit sur la pédale P, et en appuyant on élève la bouteille jusqu'à ce qu'elle touche au disque de caoutchouc, placé à la partie inférieure du cône. La main droite doit être constamment appuyée sur le levier *l*, afin d'empêcher que la pression ne fasse remonter le bouchon. Le pied doit toujours faire pression sur la pédale pendant l'emplissage.

Ceci fait, on tourne vers soi la cuirasse, et on ouvre le robinet *r*. Le liquide coule aussitôt dans la bouteille, et comprime l'air qu'elle contient; pour laisser échapper cet air, on presse d'un coup sec sur le bouton du dégorgeoir : l'air trouvant une issue s'échappe, et est remplacé par une nouvelle quantité d'eau gazeuse. On répète cette opération jusqu'à ce que la bouteille soit pleine.

On ferme alors le robinet, et on enfonce ensuite le bouchon, en donnant plusieurs saccades par le moyen du levier, jusqu'à ce qu'on entende un petit échappement de gaz. C'est ce qui indique que le bouchon est assez enfoncé.

On doit alors céder légèrement la pression du pied posé sur la pédale, et abattre le levier, pour faire descendre la bouteille, en la maintenant entre ces deux pressions, c'est-à-dire celle de la pédale et celle du levier, afin de pouvoir la retirer sans laisser échapper le bouchon. Pour retirer la bouteille, il faut nécessairement enlever la cuirasse qui servait pendant l'emplissage, à garantir l'ouvrier tireur, contre les accidents pouvant résulter de la rupture des bouteilles.

Si l'on est seul pour opérer, on doit préalablement passer une ficelle au col de la bouteille, et quand elle est pleine, on l'appuie sur le bord de l'écrou, où se trouve le disque en caoutchouc; on serre le bouchon par sa moitié supérieure, en appuyant avec le pied sur la pédale, puis on prend les deux bouts de la ficelle, on fait deux tours, et on la serre énergiquement sur le bouchon.

Une fois la mise en bouteille commencée, on doit de temps en temps alimenter la sphère : d'eau et de gaz, au moyen de la pompe et du volant; on conserve ainsi la hauteur de l'eau dans le niveau d'eau et la même pression de gaz dans le manomètre.

CHAPITRE VI

Appareil continu à colonne n° 3, à une pompe, fonctionnant à la vapeur par manége ou à bras pour la fabrication des eaux de seltz, limonades et vins mousseux.

PRIX DE L'APPAREIL CONTINU N° 3

Appareil complet, pris au magasin avec clefs, entonnoirs et mesures........	2200 fr.
Supplément pour fabrication des vins mousseux, compris tuyaux et robinets	50
Emballage de l'appareil à claire-voie	65
Emballage bois plein, pour l'exportation..............................	75

Poids de l'appareil net : 750 kilogrammes.
Poids de l'appareil emballé : 1,000 kilogrammes.
Cubage des caisses : 4 mètres 200 centimètres cubes.

Légende explicative de l'Appareil continu n° 3

(*Voir le dessin de l'appareil : page suivante.*)

C. Manomètre métallique.
K. Soupape de sûreté.
V. Volant.
N. Manivelle du volant.
R'. Stuffing-box, qui supporte l'extrémité de l'arbre de l'agitateur.
U. Stuffing-box qui supporte le devant de l'arbre.
I. Engrenage.
f. Pompe.
t. Poulie.
Z. Embranchement des tuyaux.
R. Robinet de tirage à la bouteille.
l.l'. Levier de la machine à boucher au liége et levier du porte-vase aux siphons.
P.P'. Pédales.
B. Robinet à double soupape, pour remplir les siphons.
Y. Tuyaux en étain pour le remplissage des siphons.
A. Croisillon de la soupape à acide.
S. Tuyau de contre-pression sur le réservoir à acide.
H. Réservoir à acide.
E. Bouchon à manivelle pour l'emplissage des laveurs.
L.L. Laveurs.
P. Générateur ou producteur.
E.E. Bouchons pour vider les laveurs.
b. Bouchon à manivelle pour vider le générateur.
D. Laveur-indicateur en verre.
O. Bâti du gazomètre.
G. Cuve du gazomètre.

Diamètre du piston de la pompe : 60 *millimètres; course :* 120 *millimètres.*

L'appareil continu n° 3, à une pompe, produit par jour 3000 bouteilles ou 2500 siphons.

La description et l'instruction de la marche de l'appareil à colonne n° 3, est exactement la même, que la description et l'instruction de l'appareil n° 2, chapitre V, auquel le lecteur est prié de se reporter. — L'appareil n° 3, ne diffère de l'appareil n° 2, que par la proportion des matières à employer pour la charge du générateur. Le dessin ci-contre indique que l'agitateur du générateur fonctionne par une manivelle à main, et en même temps, qu'on peut à volonté, le faire marcher par la vapeur ou par un manége, et cela par l'addition des deux poulies T. Ce supplément augmente de 50 francs le prix de l'appareil n° 3.

(*Voir : description et instruction, page* 43 *et suivantes.*)

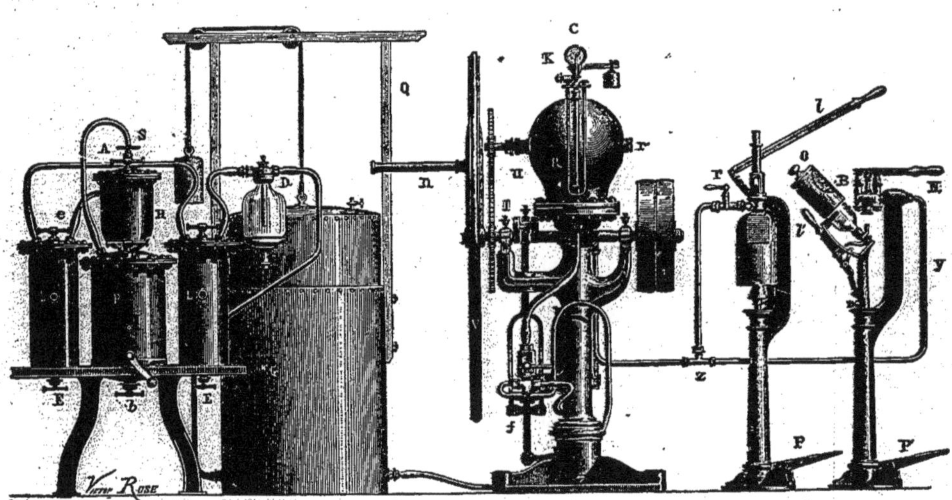

APPAREIL CONTINU A COLONNE, N° 3, A UNE POMPE, FONCTIONNANT A LA VAPEUR

PAR MANÉGE OU A BRAS, POUR LA FABRICATION DES EAUX DE SELTZ, LIMONADES ET VINS MOUSSEUX.

Dose des matières à employer pour l'Appareil continu N° 3

Eau 30 litres, pesant 30 kilogrammes.

Carbonate de chaux ou blanc d'Espagne : 10 litres pesant 12 kilogrammes 500 grammes.

Acide sulfurique à 66 degrés, 6 litres 1/2 pesant 12 kilogrammes.

CHAPITRE VII

Appareil continu à colonne N° 4, à 2 pompes, fonctionnant à la vapeur ou par manége, pour la fabrication des Eaux-de-Seltz et Limonades.

PRIX DE L'APPAREIL CONTINU N° 4

Appareil complet, pris au magasin, avec clefs, entonnoirs et mesures, à 3 tirages	3500 fr.
Emballage de l'appareil à claire-voie	90
Emballage bois plein, pour l'exportation	100

Poids de l'appareil net : 960 kilogrammes.
Poids de l'appareil emballé : 1140 kilogrammes.
Cubage des caisses, 6 mètres cubes.

Légende explicative de l'Appareil continu N 4

(Voir ci-contre le dessin de l'Appareil)

C. Manomètre.
K. Soupape de sureté.
R. Sphère en cuivre martelé.
U. Boite à étoupe ou stuffing-box.
V. Volant.
T. Poulie.
F. Pompes.
I. Graisseur.
H. Poids de la soupape à eau.
A. Soupape à acide.
S. Tuyau de contre-pression pour le gaz
H. Réservoir à acide.
M. Bouchon à manivelle pour les matières.
E.E. Bouchons à manivelle.
P. Générateur en cuivre.
L.L. Laveurs en cuivre.
E.E. Bouchons de vidange des laveurs.
B. Bouchons de vidange du générateur.
G. Gazomètre en tôle galvanisée.
Q. Montant du gazomètre.
D. Laveur indicateur en cristal.
Z.Z. Embranchement pour les tuyaux de tirage.
R. Robinet d'emplissage pour les bouteilles.
L. Levier de la machine à boucher au liége.
P.P' Pédale de tirage.
O. Cuirasse pour couvrir les siphons.
B.B. Robinets à double soupape.
N.N. Leviers du robinet à double soupape des tirages aux siphons.
L.l' Levier des portes vase.
Y.Y.Y. Tuyaux montants pour la communication des robinets de tirage.

Diamètre des pistons des pompes : 60 *millimètres, course* : 120 *millimètres*

L'Appareil continu n° 4, à 2 pompes, produit par jour 7000 bouteilles ou 6000 siphons

L'appareil continu à deux pompes est construit, sur les mêmes principes que les précédents : appareils n° 2 et n° 3.

La disposition toute particulière des deux pompes, fonctionnant alternativement, donne au travail une régularité parfaite. Ces deux pompes sont disposées, pour marcher ensemble, ou seules selon le besoin.

Chaque piston est muni d'un débrayage, et chaque pompe possède un robinet régulateur tant pour l'aspiration de l'eau, que pour l'aspiration du gaz.

La marche de ces différents organes est facile. Ajoutons que l'appareil n° 4, ne tient pas plus d'emplacement, que celui à une pompe. — Chapitre V — et cependant sa production est triple.

L'instruction sur la manière de faire fonctionner cet appareil, est la même que celle de l'appareil continu à colonne n° 2. — Chapitre V. — Cette instruction ne diffère que par les doses de matières à employer. Nos lecteurs, ainsi que les acquéreurs, de nos appareils producteurs de boissons gazeuses : eaux-de-seltz, limonades, vins mousseux, devront se reporter, tant pour l'installation que pour la mise en œuvre, ainsi que pour l'emplissage des bouteilles et siphons, à l'instruction que nous avons précédemment donnée, de l'appareil n° 2. — Chapitre V. — pages 43 et suivantes.

Dose des matières à employer pour l'Appareil continu N. 4

Eau 40 litres, pesant 40 kilogrammes.

Carbonate de chaux ou blanc d'Espagne : 13 litres pesant 16 kilogrammes 500 grammes.

Acide sulfurique à 66 degrés : 8 litres pesant 14 kilogrammes 500 grammes.

APPAREIL CONTINU A COLONNE, N° 4, A 2 POMPES FONCTIONNANT A LA VAPEUR OU PAR MANÉGE

POUR LA FABRICATION DES EAUX DE SELTZ ET LIMONADES

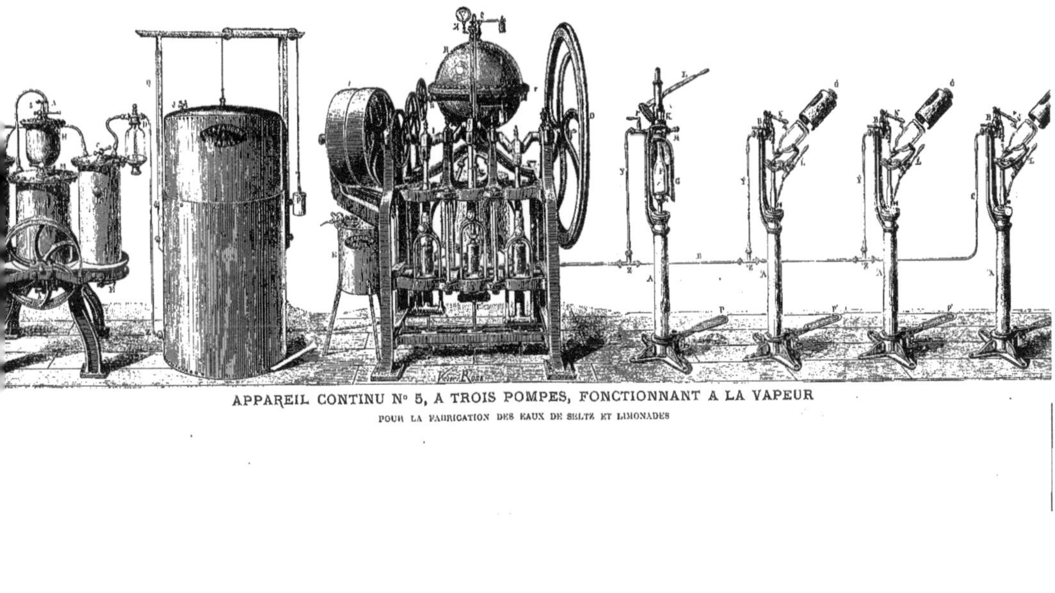

APPAREIL CONTINU N° 5, A TROIS POMPES, FONCTIONNANT A LA VAPEUR

POUR LA FABRICATION DES EAUX DE SELTZ ET LIMONADES

CHAPITRE VIII

Appareil continu nº 5, à 3 pompes, fonctionnant à la vapeur ou par manège pour la fabrication des eaux de seltz et limonades

PRIX DE L'APPAREIL CONTINU Nº 5 à 3 POMPES

Appareil complet pris au magasin, avec clefs, entonnoirs et mesures, et diverses garnitures de rechange avec 4 tirages........................ 5500fr.
Emballage.. 175
Poids de l'appareil net : 1410 kilogrammes.
Poids de l'appareil emballé : 1730 kilogrammes.
Cubage des caisses : 7 mètres 500 centimètres cubes.

Légende explicative de l'Appareil continu nº 5, à 3 pompes

(*Voir ci-contre le dessin de l'appareil.*)

C. Manomètre.
K. Soupape de sûreté.
R. Sphère en cuivre martelé.
U. Boîte à étoupe ou stuffing-box.
V. Volant.
T. Poulie.
F.F.F. Pompes.
I. Graisseur.
N. Poids de la soupape à eau.
A. Soupape à acide.
e,e. Bouchons à manivelle.
M. Bouchon à manivelle pour les matières.
P. Générateur en cuivre.
L,L. Laveurs en cuivre.
E,E. Bouchon de vidange des laveurs.
B. Bouchon de vidange du générateur.
G. Gazomètre en tôle galvanisée.
Q. Montant du gazomètre.
D. Laveur-indicateur en cristal.
Z.Z.Z. Embranchement des tuyaux de tirages.
R. Robinet d'emplissage pour les bouteilles.
L. Levier de la machine à boucher au liège.
P.P.P.P. Pédales de tirage.
O.O.O. Cuirasses à couvrir les siphons.
B.B.B. Robinets à double soupape.
N.N.N. Leviers du robinet, à double soupape, des tirages aux siphons.
L.L.L. Leviers des porte-vase.
y.y.y. Tuyaux montants communiquant aux robinets de tirage.
E. Réservoir à eau ou seau.

Diamètre des pistons des pompes, 60 *millimètres : course* 120 *millimètres*

L'appareil continu nº 5 à trois pompes, produit par jour 10,000 bouteilles ou 9,000 siphons

L'appareil continu à trois pompes, convient spécialement à la grande fabrication et ne trouve guère sa place que dans les villes de premier ordre.

Je suis le seul mécanicien, fabriquant ce modèle, qui est comme producteur, le plus puissant de tous ceux qui ont été construits jusqu'à ce jour.

L'appareil à trois pompes, ne laisse rien à désirer comme construction. Il réunit tout à la fois l'élégance, la force et un fonctionnement des plus simples et des plus faciles.

L'appareil saturateur se compose :

1º Deux forts bâtis en fonte, reliés par cinq entretoises. Un arbre à villebrequin en fer forgé, donne le mouvement aux trois pompes. Cet arbre est muni de deux poulies dont l'une fixe et l'autre folle, transmettant ou arrêtant le mouvement et réglant par suite la marche de l'appareil.

2° Cinq paliers, avec garnitures en bronze supportent l'arbre.

3° Trois pompes en bronze, avec jeu de soupape et piston, servent au refoulement de l'eau et du gaz dans la sphère saturateur R.

4° Trois bielles en fer forgé avec débrayage, font mouvoir les pompes toutes ensembles, ou séparément, selon que l'exige le travail.

5° Deux demi-sphères en cuivre rouge martelé, très-fortes, avec double collet, glacées et coquillées intérieurement à l'étain fin, sont reliées ensembles par deux cercles en fer bien boulonnés.

Cette sphère est éprouvée à une pression de vingt atmosphères, et peut par sa force en supporter une de 40 à 50.

6° Un arbre agitateur en bronze, commandé par trois engrenages, sert à saturer l'eau dans la sphère.

7° Deux soupapes de sûreté : la première disposée pour l'échappement de l'eau et la seconde pour l'échappement du gaz.

Cette dernière soupape est surmontée par deux tiges métalliques, dont l'une supporte le manomètre, et l'autre le tube du niveau d'eau.

8° Un récipient en cuivre rouge martelé, placé sous la sphère sert à l'alimentation des trois pompes, et communique avec six tuyaux en étain.

9° Trois tuyaux cintrés, en cuivre rouge, étamés intérieurement à l'étain fin, sont raccordés à l'une de leurs extrémités, sur les pompes, et de l'autre sur l'embranchement en bronze servant au refoulement de l'eau dans la sphère,

Cette sphère est supportée par une entretoise, en fonte, formant cuvette.

Instructions pour faire fonctionner l'appareil saturateur à trois pompes

1° Graisser les pistons avec un peu de beurre frais, placer une mèche en coton dans chaque vase graisseur, et les remplir d'huile de pied de bœuf ou à son défaut d'huile d'olive. Remplir ensuite, le réservoir à eau par le robinet flotteur et régler ce robinet, afin que l'eau se maintienne toujours au même niveau.

2° Trois robinets suffisent pour régler la production. Ils sont placés sur le récipient distributeur d'eau et de gaz.

Chaque robinet porte un cadran à aiguille avec clef : il suffit de tourner cette clef, pour régler l'introduction de l'eau dans la sphère, suivant la marche plus ou moins active des ouvriers tireurs.

Quand on commence l'opération on doit toujours monter la pression à 6 ou 7 atmosphères, et l'eau doit à peine paraître dans le niveau d'eau.

3° Les deux robinets placés au-dessous du récipient doivent être toujours ouverts, avant la mise en marche de l'appareil. Chacun de ces robinets porte un cadran à aiguille. Sur l'un d'eux est gravé le mot **Gaz**, ce qui indique qu'il faut placer le tuyau correspondant au gazomètre sur ce robinet.

Sur l'autre robinet est gravé le mot **Eau**, qui indique qu'il faut placer l'autre tuyau correspondant du réservoir à eau, sur ce robinet.

Quand l'aiguille des robinets est placée sur la lettre O, cela indique qu'il sont ouverts, et sur la lettre F qu'ils sont fermés.

Il est important de ne jamais mettre l'appareil en marche, avant d'être assuré que les deux robinets placés sous le récipient distributeur sont ouverts, car si ces deux robinets étaient fermés, le vide se ferait alors dans ce récipient distributeur, qui pourrait alors, dans ce cas, s'applatir sous le poids de la pression atmosphérique.

L'instruction, pour la production du gaz dans le générateur, est la même que pour les appareils continus à colonnes 2 et 3. — Chapitre V et VI. — Elle ne diffère que par les doses de matière.

Le lecteur devra donc se reporter au chapitre V, pour avoir le complément des instructions, tant pour la production du gaz, que pour l'emplissage des bouteilles et des siphons.

Dose des matières à employer pour l'appareil continu à trois pompes

Eau 50 litres : pesant 50 kilogrammes.
Carbonate de chaux ou blanc d'Espagne : 17 litres, pesant 20 kilogrammes.
Acide sulfurique à 66 degrés : 10 litres, pesant 18 kilogrammes 400 grammes.

CHAPITRE IX

LES SIPHONS

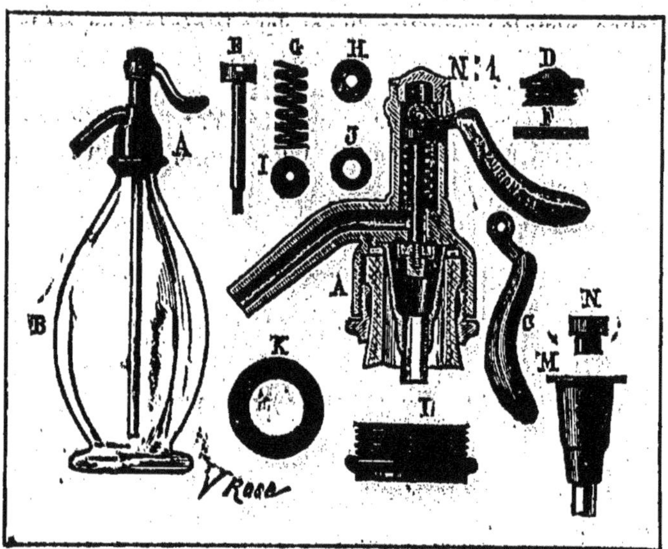

Siphon à petit levier, n° 1

Le dessin ci-dessus représente un siphon à petit levier n° 1, ancien modèle, monté sur carafe en cristal de forme ovale.

Cette tête de siphon, peut être adaptée à des carafes de forme cylindrique.

Le n° 1, représente la coupe et le mécanisme de la tête du siphon à petit levier.

Les noms, et les prix de toutes les pièces composant l'ensemble du siphon sont indiqués, dans la légende explicative ci-après :

Prix et Légende du siphon petit levier n° 1

N° 1. Coupe intérieure de la tête du siphon

A B. Siphon complet, forme ovale, la pièce....................................	2	10
A. Tête complète de siphon, à petit levier, compris le tube, le porte-tube et la rondelle de montage, la pièce....................................	1	20
B. Carafe forme ovale pour siphon, à petit levier, verre blanc ou bleu, la pièce	»	95
Carafe même modèle orange ou vert émeraude : supplément :............	»	10
C. Levier....................................	»	15
D. Chapeau....................................	»	10
E. Tige de la soupape, en cuivre blanchi....................................	»	10
F. Goupille pour fixer le levier sur la tête du siphon....................................	»	3
G. Ressort en cuivre blanchi....................................	»	8
H. Rondelle en cuir, pour les garnitures de la tige....................................	»	2
I. Rondelle en caoutchouc, pour les garnitures de la tige....................................	»	2
J. Rondelle en cuir, pour les garnitures de la tige....................................	»	2
K. Rondelle en caoutchouc, dite rondelle de montage, pour le joint du tube sur la carafe....................................	»	5
L. Bague brisée, pour fixer la tête du siphon sur la carafe....................................	»	15

M. Tube en verre avec porte-tube en étain .... » 15
N. Soupape se vissant sur la tige E, faisant la fermeture du siphon .... » 8
100 carafes pèsent 115 à 120 kilogrammes environ.
Une caisse de 100 siphons, bois et emballage compris, pèse de 170 à 180 kilog.
Le prix de l'emballage de 100 siphons, forme ovale est de .... 12 »
Le prix de l'emballage de 100 siphons, forme cylindrique est de .... 11 »
Une caisse de 100 siphons forme ovale, cube 450 centimètres.
Une caisse de 100 siphons forme cylindrique, cube 430 centimètres.

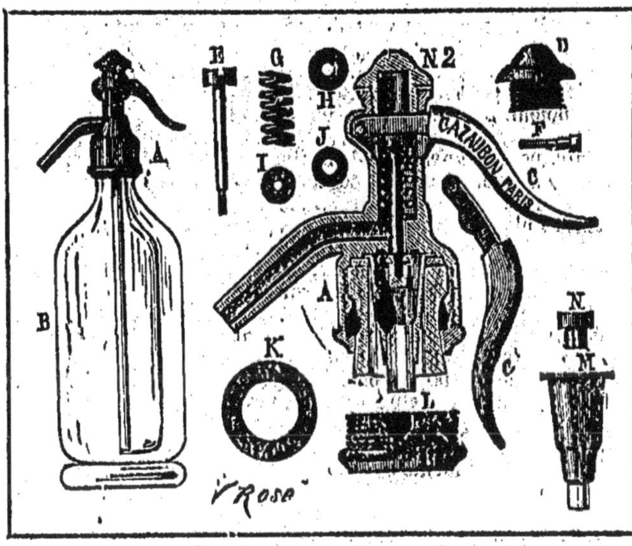

Siphon à moyen levier, n° 2

Le dessin ci-dessus, représente un siphon à moyen levier, n° 2, nouveau modèle, monté sur carafe en cristal de forme cylindrique.

Jusqu'à présent dans l'industrie des eaux gazeuses, il n'existait que deux modèles de siphon : l'un à petit levier, l'autre à grand levier.

Le premier, nous avons introduit dans le commerce, un troisième modèle : dit appareil à moyen levier.

Ce nouveau modèle, offre des avantages incontestables, principalement au point de vue du démontage de toutes les pièces qui le composent. C'est ainsi que par une disposition toute particulière, le mouvement du levier qui fait ouvrir et fermer la soupape, ne fatigue plus, dans ce modèle, aucun des autres organes du siphon ; et cependant le système de fermeture, est le même que celui à petit levier.

De plus, la pression contenue dans le siphon, aide, ici, à fermer la soupape, ce qui permet au ressort d'être plus doux, que dans le modèle à grand levier.

En plaçant toutes les pièces détachées autour du siphon complet (*voir le dessin ci-dessus*) et en aidant à l'intelligence du montage et du démontage, par des lettres alphabétiques, nous initions d'un seul coup, le fabricant de boissons gazeuses, avec les termes des organes qui composent la fermeture de nos vases siphoïdes, et nous facilitons au moyen d'une légende explicative, toutes les demandes de pièces de rechange, nécessitées par les réparations.

Prix et Légende explicative du siphon, moyen levier, n° 2

N° 2. Coupe intérieure de la tête du siphon.

		fr.	c.
AB.	Siphon complet, forme cylindrique, moyen levier, nouveau modèle perfectionné, la pièce	2	15
A.	Tête complète du siphon moyen levier, y compris le tube, le porte-tube et la rondelle de montage, la pièce	1	25
B.	Carafe forme cylindrique, pour siphon moyen levier, verre blanc ou bleu, la pièce	»	95
	Carafe même modèle, orange ou vert émeraude : supplément :	»	10
C.	Levier, la pièce	»	18
D.	Chapeau, la pièce	»	12
E.	Tige de la soupape, la pièce	»	10
F.	Vis en cuivre blanchi, pour fixer le levier sur la tête du siphon, la pièce	»	5
G.	Ressort : la pièce	»	8
H.	Rondelle en cuir, pour la garniture de la tige, la pièce	»	2
I.	Rondelle en caoutchouc, pour le montage de la tête du siphon sur la carafe, la pièce	»	2
J.	Rondelle en cuivre blanchi, la pièce	»	2
K.	Rondelle en caoutchouc, dite rondelle de montage, pour le joint du tube sur la carafe, la pièce	»	5
L.	Bague brisée pour fixer la tête du siphon sur la carafe, la pièce	»	15
M.	Tube en verre, avec porte-tube	»	15
N.	Soupape en étain, se vissant sur la tige E, faisant la fermeture du siphon	»	8

100 carafes pèsent environ 115 à 120 kilogrammes.

Le prix de l'emballage de 100 siphons, forme ovale est de	12	»
Le prix de l'emballage de 100 siphons, forme cylindrique est de	11	»

Une caisse de 100 siphons, bois et emballage compris, pèse de 170 à 180 kilog.
Une caisse de 100 siphons forme ovale, cube 450 centimètres.
Une caisse de 100 siphons forme cylindrique, cube 430 centimètres.

La composition du métal des têtes de siphon, qu'on emploie dans le commerce, laisse beaucoup à désirer, sous le rapport du titre de l'étain. Ainsi, on fabrique journellement des têtes de siphon, ayant un alliage, variant entre 30 et 50 pour cent de plomb, ce qui peut devenir dangereux au point de vue hygiénique et offrir de graves difficultés, en ce qui intéresse le nettoyage.

Nous, personnellement, ne fabriquons que deux compositions de métal. La première est un alliage ordinaire, ne dépassant pas 40 pour cent de plomb.

Le deuxième titre d'alliage, est garanti sur facture à 92 pour cent d'étain pur, et 8 pour cent d'une composition métallique particulière.

Ajoutons de plus, que nous employons à la composition de cet alliage, une matière qui n'a, et ne peut avoir aucune action sur l'organisme, elle n'a absolument, comme propriété, que de donner plus de corps et plus de dureté au 92 pour cent d'étain, base essentielle de la composition de toutes les fermetures de nos vases ou récipients siphoïdes.

Aussi, offrons-nous à la consommation de grands avantages d'emploi, tant au point de vue de la modération du prix, qu'au point de vue hygiénique.

Ainsi, le siphon moyen modèle au titre ordinaire est de	2 fr.	15 c.
Le siphon étain pur à 92 pour cent est de	2	35

Démontage, réparation et remontage des siphons, petit et moyen leviers

A défaut de presse à monter, lorsqu'il s'agit de mettre en fonction des siphons en réparation, on peut se servir du tirage à la bouteille.

Pour s'en servir, il faut :

Que le tampon en bois, servant à supporter la bouteille soit retourné, il faut ensuite enfoncer un bouchon dans le cône à boucher. Cela fait, on pose le siphon sur le tampon renversé, et on le maintient de la main gauche, en exerçant une pression sur la pédale, de manière à amener la tête du siphon, contre le bouchon fixé dans le cône.

Le siphon ainsi comprimé par ses deux extrémités, le démontage devient facile : il suffit, de stabiliser la tête du siphon avec la main gauche, en le maintenant, afin de l'empêcher de tourner : et de la main droite de dévisser la bague L, en la serrant fortement avec les pinces.

Afin que les pinces ne glissent pas, sur le cordon de la bague, il faut frotter intérieurement les mâchoires, avec du blanc d'Espagne ou craie.

Si une fuite se produisait, entre la tête du siphon A et la carafe B, il serait alors nécessaire de changer la rondelle en caoutchouc K. Si la fuite existait dans le bec du siphon, il faudrait changer la soupape N, et à cette fin, dévisser l'ancienne, avec le tourne vis à canon, et remettre une soupape.

Pour visser cette soupape, et ne pas déchirer le caoutchouc, il faut appuyer sur le levier C, et la visser, jusqu'à ce que le levier ait supérieurement un millimètre de jeu.

En d'autres termes, il faut que la soupape, puisse se comprimer sans rencontrer de résistance, au point de contact du levier C. Si une fuite se déclarait par le levier, pendant le remplissage des siphons, il faudrait alors changer la garniture de la tige E, et voici comment il on s'y prendrait :

On démonterait la soupape, on dévisserait le chapeau D, puis la vis F, qui maintient le levier C, qu'on retirerait de sa mortaise, enfin on repousserait la tige E, au moyen d'un poinçon. Si le ressort G était en bon état, on le conserverait, sinon on le remplacerait.

On renouvellerait ensuite la rondelle de cuir H, et celle en caoutchouc I. La rondelle de cuir se place la première et contre la rondelle de cuivre J, qui est au-dessous du ressort, celle en caoutchouc ne vient qu'après.

Quand les siphons ont un long service, il est nécessaire d'ajouter une deuxième rondelle de cuivre J, afin d'empêcher le caoutchouc d'obstruer l'écoulement du liquide, puis on remet la tige garnie en place, en ayant soin préalablement d'humecter les rondelles avec de l'eau.

Pour mettre le levier en place, il faut appuyer sur la tête de la tige E, avec un tourne vis spécial, ayant la forme d'une petite fourche, et cela afin de comprimer le ressort et par suite de faciliter la pose du levier.

La mortaise de la tige doit être bien en face de l'ouverture par laquelle passe le levier, sinon quand on monte la soupape, le levier tournerait. Enfin, lorsqu'on veut monter ou démonter la soupape, il faut toujours avoir le soin d'appuyer sur le levier.

Le remontage des têtes sur la carafe, se fait de la même manière que le démontage.

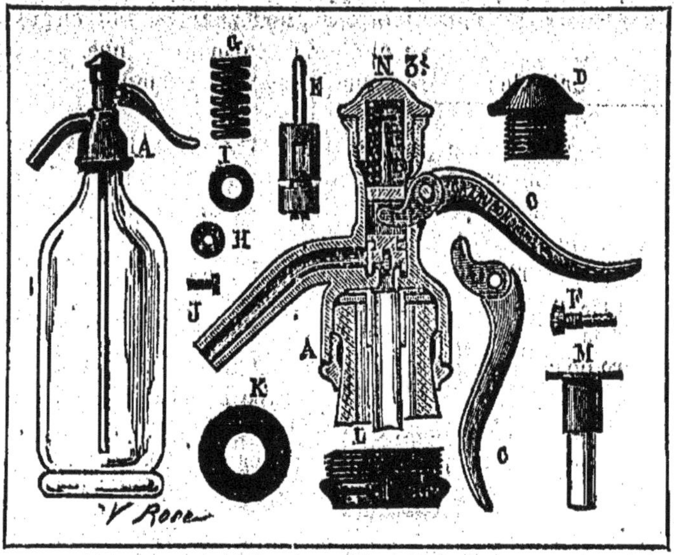

Siphon à grand levier, n° 3

Le dessin ci-dessus représente un siphon à grand levier n° 3, monté sur carafe en cristal de forme cylindrique.

Prix et Légende explicative du siphon à grand levier n° 3

N° 3. — Coupe intérieure de la tête du siphon.

Désignation	Fr.	C.
A.B. Siphon complet, forme cylindrique, grand levier, la pièce	2	25
A. Tête complète du siphon grand levier, y compris le tube, le porte-tube et la rondelle de montage, la pièce	1	35
B. Carafe forme cylindrique pour siphon grand levier, verre blanc ou bleu, la pièce	»	95
Carafe même modèle, orange ou vert émeraude : supplément :	»	10
C. Levier, la pièce	»	20
D. Chapeau, la pièce	»	15
E. Piston non garni, la pièce	»	10
Le même, garni	»	20
F. Vis en cuivre blanchi pour fixer le levier sur la tête du siphon, la pièce	»	5
G. Ressort en cuivre blanchi, la pièce	»	10
H. Rondelle en caoutchouc pour le bas du piston	»	3
I. Rondelle en caoutchouc pour le milieu du piston	»	3
J. Vis en cuivre blanchi pour fixer la rondelle en caoutchouc, au bas du piston	»	3
K. Rondelle en caoutchouc, dite rondelle de montage, pour le joint du tube sur la carafe	»	5
L. Bague brisée pour fixer la tête du siphon sur la carafe	»	15
M. Tube en verre avec porte-tube	»	15

100 carafes en cristal pèsent de 110 à 120 kilogrammes.

Une caisse de 100 siphons à grand levier, bois et emballage compris, pèse de 175 à 185 kilogrammes.

Une caisse de 100 siphons, forme ovale, cube 450 centimètres.

Une caisse de 100 siphons, forme cylindrique, cube 430 centimètres.

Prix de l'emballage pour 100 siphons ovales : 12 francs.

Prix de l'emballage pour 100 siphons cylindriques : 11 francs.

Accessoires pour montage et démontage des Siphons

Presse à démonter les siphons
Prix : 45 francs.

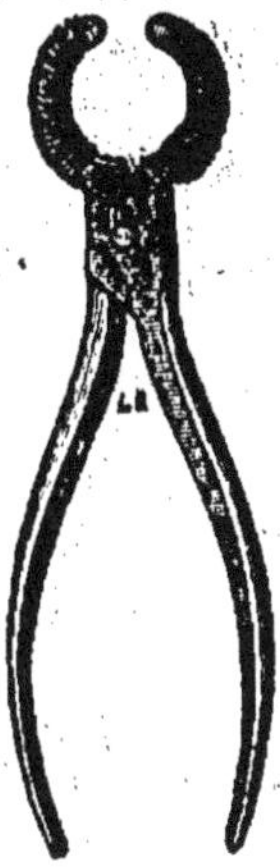

Pince à bague pour monter et démonter les têtes de siphons sur la carafe
Prix : 6 francs

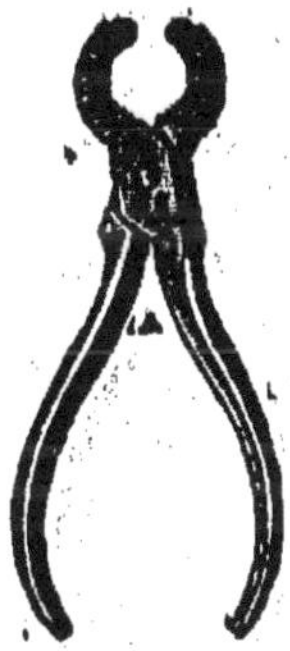

Pince à chapeau pour démonter les grands et moyens leviers
Prix : 5 francs.

Pince plate pour retirer les pistons de la tête des siphons à grand levier.
Prix : 1 fr. 50

Tourne vis à canon pour dévisser les soupapes des siphons à petit et moyen leviers. — Prix : 1 fr. 50

Tourne vis à griffe, pour dévisser les chapeaux du siphon à petit levier. — Prix : 1 fr. 50 c.

Tourne vis pour démonter et remonter les vis des pistons : petit, moyen et grand leviers
Prix : 1 fr. 50 c.

Démontage, réparation et remontage des siphons à grand levier

A défaut de presse à monter, on peut se servir du tirage à la bouteille.

Dans ce cas le tampon en bois qui a l'emplissage supporte la bouteille doit être retourné. Cela fait, on enfonce un bouchon ordinaire dans le cône à boucher, puis on pose le siphon sur le tampon renversé et on l'y maintient avec la main gauche, en même temps, on fait pression sur la pédale, de manière à amener la tête du siphon contre le bouchon fixé dans le cône.

Le siphon ainsi maintenu, par ses deux extrémités, le démontage en devient facile.

A cet effet, de la main gauche on serre la tête du siphon de manière à l'empêcher de tourner, puis de la main droite on dévisse la bague L, en la serrant fortement avec les pinces, et afin que ces pinces ne glissent pas, on frotte de blanc d'Espagne ou craie les deux machoires intérieures.

Le démontage n'est pas toujours nécessaire, il n'est urgent que lorsqu'il y a fuite par la bague L, ce qui a lieu quand la rondelle en caoutchouc K, qui fait join sur le col de la carafe, à besoin d'être changée soit parce qu'elle est trop mince, soit parce qu'elle est trop vieille.

Si la fuite a lieu par l'ouverture du levier C, il faut démonter le chapeau D, avec la pince dite à chapeau, ensuite, on dévisse et on retire la vis F, qui fixe le levier C, qu'on enlève de sa mortaise, et on retire le piston E, avec les pinces plates, en le faisant tourner de gauche à droite, puis on change la rondelle I, du milieu du piston, et le tout est remis en place, en ayant préalablement le soin d'humecter la rondelle.

Pour remonter le piston, il faut l'introduire en le tournant alors, de droite à gauche, en ayant l'attention, lorsqu'on passe près de l'ouverture où se fixe le levier, de ne pas déchirer la rondelle.

On remonte ensuite le levier et le ressort G, en suivant les mêmes indications que pour le démontage.

Si la fuite avait lieu par le bec, d'où le liquide s'échappe, cette fuite dans ce cas aurait pour cause le mauvais état de la rondelle H, qui est fixée au bout du piston E, il faut alors démonter le piston, comme il a été dit plus haut, devisser la petite vis J, remplacer la rondelle H, remonter la vis J, et remettre toutes les pièces en place.

Le remontage de la tête sur la carafe, se fait de la même manière que le démontage.

La presse à monter et à démonter les siphons est bien préférable, surtout quand on possède, une quantité importante de siphons en service.

Entretien des Siphons

Tous les fabricants de boissons gazeuses doivent entretenir leurs siphons, en bon état de propreté. Ceux qui n'ont pas de moteur pour opérer le nettoyage, au moyen de brosses mécaniques, doivent le faire à la main.

Voici comment on devra s'y prendre :

On place un siphon dans un calbottin, ou bien entre les jambes, et avec un chiffon trempé dans un mélange de blanc d'Espagne et d'eau, on en étend une couche sur toute la tête du siphon. On opère ainsi, sans arrêt, sur une dizaine de siphons à la fois, afin qu'ils aient le temps de sécher, puis on reprend le premier et on le frotte avec un linge bien sec, jusqu'à ce que l'étain soit clair et brillant.

Machine à nettoyer les siphons

Machine à une brosse, marchant au moyen d'un moteur, pour le nettoyage des siphons, prix........ 120 fr.
Brosse seule de rechange, avec axe en cuivre et garniture de crin végétal... 40

Observation. — Quand les brosses sont encrassées, il faut alors les nettoyer. Pour ce faire : on prend une planche d'environ 20 centimètres de large, sur 30 à 40 centimètres de long, qu'on dresse devant soi, et contre laquelle vient frotter la brosse ; pendant que la brosse tourne, on verse, afin de détacher les corps gras accumulés dans le crin, environ la valeur de deux litres d'eau, quantité suffisante, pour que la brosse soit convenablement lavée, et dans de bonnes conditions de propreté, pour continuer le nettoyage.

CHAPITRE X

Dosage des sirops

Pompe aspirante et foulante, pour doser les sirops dans les bouteilles et siphons.

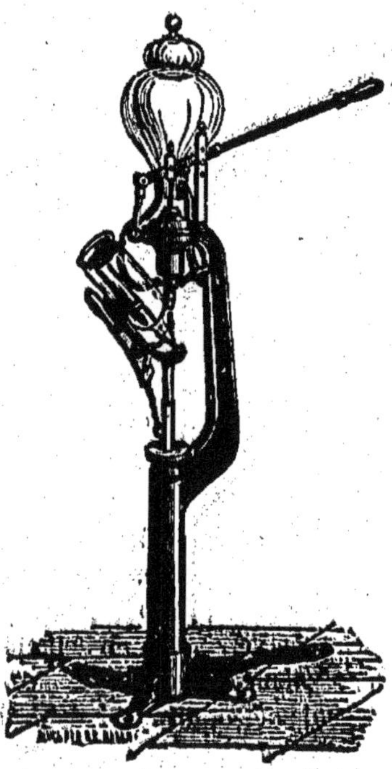

PRIX

DE L'APPAREIL À DOSER LES SIROPS

Pompe à sirop........................	150 fr.
Emballage à claire-voie...............	7
Emballage bois plein, pour l'exportation	8

Poids net de la pompe à sirop : 44 kilogrammes.

Poids de l'appareil emballé : 60 kilogrammes.

Cubage de la caisse : 0,230 cent. cubes.

La pompe à sirop, (*Voir le Dessin ci-contre*) est indispensable à tous ceux, qui veulent s'occuper de la fabrication des limonades en siphons, elle peut également être employée au dosage des limonades en bouteilles.

Autrefois et même encore aujourd'hui, certains fabricants font usage de mesures. Ce mesurage à la main, a l'inconvénient de faire perdre beaucoup de sirop, de poisser les bouteilles, par suite de nécessiter de continuels nettoyages, et de plus, de faciliter par le fait de l'exposition de la liqueur au contact de l'air, l'évaporation des arômes qui saturent les sirops employés.

Il nous faut encore signaler un autre inconvénient.

Pendant les grandes chaleurs les mouches, guêpes, fourmis, etc... sont attirées par le sucre, et ces insectes gênent non-seulement l'opération de l'emplissage ; mais de plus, il devient souvent impossible, malgré tous les soins des opérateurs, de ne pas en introduire dans les bouteilles, ce qui est toujours répugnant pour le consommateur.

La pompe à sirops obvie à tous ces inconvénients, la liqueur se trouvant enfermée dans un vase en cristal, et le dosage se faisant mécaniquement, il en résulte une économie considérable de temps, et une répartition régulière des doses de sirop à introduire dans les bouteilles

---

Fonctionnement de la Pompe à sirop

Si le local le permet, la pompe doit être placée à la suite des tirages, dans le cas contraire, elle peut être installée dans une autre partie de la fabrique, en ayant soin toutefois, qu'elle ne gêne pas le service des caisses, et de manière à ce que son globe en cristal, soit à l'abri de tous chocs.

Le fonctionnement de cette pompe est des plus simples.

1° On verse suivant les demandes ou les exigences de la localité, une quantité déterminée de sirop dans le vase en cristal, puis suivant la dose qu'on veut introduire dans les bouteilles ou siphons, on place la broche dans l'un des trous indiquant les mesures de 50, 75, 100 ou 130 grammes.

2° On dépose ensuite le siphon sur le porte-vase, en appuyant en même temps le pied sur la pédale, et l'on fait monter le bec du siphon jusque dans l'embouchure.

On met alors la main gauche sur le levier du porte-vase, qui ouvre la soupape du siphon, puis on abaisse la poignée du robinet, jusqu'à ce que l'on sente une résistance, on abat ensuite le levier qui fait fonctionner le piston de la pompe, et par ce mouvement le sirop s'introduit dans le siphon.

Quand le levier qui fait fonctionner la pompe est entièrement descendu, on l'abandonne à lui-même ; on ouvre la soupape du siphon, puis avec la main gauche, on ramène la poignée du robinet en haut, et on lève le levier jusqu'à ce qu'il vienne toucher à la broche.

On enlève ensuite le siphon du porte-vase et on recommence l'opération qui pour chaque siphon ne dure que quelques secondes.

Lorsqu'il s'agit du dosage des sirops, dans les bouteilles, on remplace alors le porte-vase, par le tampon en bois, que l'on règle, avec le manchon en bronze, suivant la hauteur des bouteilles.

Pour ce réglage, il suffit de déserrer la vis du manchon, et de la faire monter ou descendre.

Il faut également changer l'embouchoir, en le dévissant et le remplaçant par celui qui est spécialement destiné au dosage des bouteilles.

Si la bouteille est à fond creux, on place la partie ronde du tampon en l'air, si au contraire le fond de la bouteille est plat, on renverse alors le tampon en mettant la partie plate en dessus.

On place ensuite le pied droit sur la pédale, on fait monter la bouteille en la conduisant avec la main gauche, jusqu'à son embouchure, et le fonctionnement de l'appareil, est ensuite le même que pour le dosage des sirops pour siphon.

Observations. — La pompe à sirop doit toujours être tenue en bon état de propreté, chaque fois qu'on s'en est servi, on verse de l'eau dans le vase en cristal, et on fait fonctionner plusieurs fois l'appareil, afin d'en bien laver l'intérieur.

On peut employer de l'eau tiède, mais ne jamais dépasser 25 à 30 degrés, afin de ne pas détériorer le cuir du piston de la pompe.

Le mouvement du levier doit se faire d'une manière régulière, sans saccades ni précipitation, afin que le sirop remplisse exactement le vide formé par le déplacement du piston.

CHAPITRE XI

Appareil de production à gaz comprimé par lui-même, sans pompe ni tirage

Cet appareil destiné à la fabrication des eaux-de-seltz et limonades, pour l'alimentation et le service des colonnes de comptoir, buvettes, etc., etc., peut produire par jour 200 bouteilles.

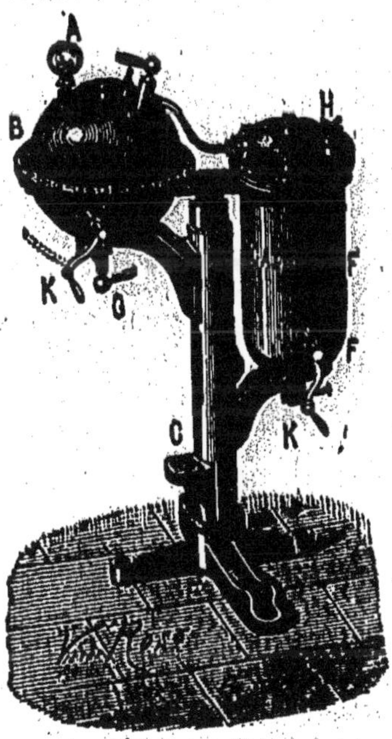

PRIX : de l'appareil à gaz comprimé par lui-même, sans pompe ni tirage

Appareil complet, pris en magasin avec clefs, entonnoirs et mesures.........	375 fr.
Le même muni d'une pompe sans tirage avec clefs, entonnoirs et mesures, produisant 400 bouteilles par jour...	500
Emballage à claire-voie...............	15
Emballage bois plein, pour l'exportation	20

Poids de l'appareil net : 180 kilogrammes.
Poids de l'appareil emballé : environ 225 kilogr.
Cubage de la caisse : 0,900 centimètres cubes.

Légende explicative de l'Appareil

A. Manomètre métallique.
B. Sphère saturateur en cuivre.
F. Cylindre en cuivre ou générateur.
K.K. Manivelles pour faire fonctionner les agitateurs de la sphère et du cylindre.
H. Croisillon de la soupape à acide.
G. Robinet de vidange de la sphère.
C. Colonne en fonte.

On emploie avantageusement cet appareil dans les cafés, concerts, théâtres, cercles, buvettes, etc. Son faible volume permet de le loger facilement soit dans une office, un couloir ou même dans une cave ; il suffit alors d'un tuyau en étain, au moyen duquel on amène le liquide de la sphère saturateur, à la colonne de comptoir.

Le système se compose : d'un cylindre générateur en cuivre rouge martelé, glacé au plomb intérieurement ; d'un réservoir à acide, en plomb ; d'un vase laveur pour l'épuration du gaz produit dans le cylindre générateur, et enfin d'une sphère étamée et glacée à l'étain fin, Le tout est monté sur une colonne en fonte.

Le fonctionnement de ces différents organes, est régularisé au moyen d'un manomètre.

L'appareil tient peu de place : 80 centimètres de long sur 50 de large, aussi peut-il être placé dans les plus petits laboratoires. Une personne suffit à son fonctionnement. Sa stabilité est telle, qu'on peut au besoin fabriquer, sans qu'il soit nécessaire de le fixer sur le sol.

L'appareil est construit pour produire du gaz acide carbonique, soit avec du carbonate de chaux dit blanc d'Espagne ou craie, soit avec du bi-carbonate de soude ,ou bien encore de la poudre de marbre.

Pour déterminer la production du gaz, on peut employer de l'acide sulfurique pur, à 66 degrés, ou bien mélanger l'acide avec un quart de son volume d'eau.

Lorsqu'on fait usage d'acide étendu d'eau, il faut avoir le soin de laisser refroidir le mélange, sinon on risquerait d'échauffer le gaz et le corps du cylindre générateur. Quand on emploi de l'acide saturé d'eau, la fabrication est plus lente : aussi avec de l'acide sulfurique pur, la production du gaz, dans le même espace de temps, peut être évaluée à un quart en plus.

Le prix de revient de l'eau gazeuse, en employant du carbonate de chaux, est d'environ 1 centime 1/2 la bouteille, et il est de 2 centimes 1/2, lorsqu'on fait usage de bi-carbonate de soude.

Fonctionnement de l'appareil à gaz comprimé par lui-même, sans pompe ni tirages

Il faut faire en sorte d'avoir à sa disposition de l'eau filtrée d'une basse température : 10 à 12 degrés environ. Après avoir fixé l'appareil sur le sol, au moyen de quatre vis, on s'assure, avant d'opérer, que toutes les pièces qui le composent, sont bien à leur place, et que les raccords soient bien serrés : puis ensuite, on visse le manomètre sur la sphère saturateur.

La charge s'opère de la manière suivante :

On commence à dévisser les trois bouchons disposés sur le cylindre F, on introduit par le plus grand orifice marqué **matières**, 5 litres ou 5 kilogrammes d'eau, et 1 litre 1/2 de carbonate de chaux, ou blanc d'Espagne en poudre, pesant environ deux kilogrammes. Après avoir introduit l'eau et la craie, on fait faire quelques tours à la manivelle du cylindre F, afin d'opérer le mélange du blanc avec l'eau; puis on introduit par l'orifice marqué **laveur** un litre d'eau, et on referme cet orifice.

Avant de verser l'acide, il faut s'assurer, si le croisillon H, est bien fermé, et à cet effet, on lui fait faire un tour à droite : si l'on éprouve de la résistance, cela indique qu'il est fermé. Alors, on verse un litre d'acide sulfurique, pesant 1 kilogramme 840 grammes, par l'orifice marqué **acide**, et on remet le bouchon en le serrant fortement.

On met ensuite la main droite sur l'ouverture marquée **matières**, et on détourne le croisillon d'un cinquième de tour, mais d'un mouvement assez prompt, pour ne laisser tomber que quelques gouttes d'acide sur les matières, afin de ne déterminer qu'une faible effervescence. Pour faire échapper l'air contenu dans l'intérieur du cylindre, on renouvelle deux fois cette opération, et si l'on veut s'assurer qu'il est bien évacué, on enflamme une allumette chimique, et on la plonge dans l'ouverture des matières. Si l'allumette s'éteint, on est sûr que le cylindre ne contient plus d'air, alors, on remet le bouchon à matières, et on le serre comme le précédent.

On dévisse ensuite le bouchon de la boule ou sphère B, et on emplit celle-ci d'eau ; on remet le bouchon, et c'est alors seulement, qu'on commence l'opération.

Mais avant, il faut encore s'assurer que le robinet de communication est ouvert, à cet effet, on met en mouvement la manivelle K du cylindre F, et de la main gauche, on détourne le croisillon d'un quart ou d'un cinquième de tour, en examinant si l'aiguille du manomètre avance. Dans ce cas, on continue de tourner la manivelle, avec une vitesse de 30 à 40 tours à la minute, et on referme le croisillon, car si l'on tournait plus vite et qu'on laissât tomber une trop grande quantité d'acide, il se produirait une effervescence telle, que les matières viendraient remplir la boîte à acide intérieure, le vase laveur et même la sphère.

Il faut monter lentement la pression et pour cela on ouvre très-peu le croisillon, et on examine avec soin l'aiguille du manomètre, qui ne doit pas marcher trop vite.

Quand cette aiguille marque 3 atmosphères environ, on retire par le robinet placé au dessous de la sphère B, ou bien par la colonne de service, 1 litre à 1 litre 1/2 d'eau.

C'est alors qu'ont met en mouvement la manivelle K, de la sphère B, et qu'on tourne le plus vite possible, afin d'obtenir une bonne saturation. Plus on tourne vite, mieux la saturation se fait. Après avoir tourné une 1/2 minute, on recommence à faire du gaz, en imprimant un mouvement circulaire à la manivelle du cylindre, et cela lentement et en ouvrant le croisillon de la soupape à acide.

Quand on cesse de faire du gaz, il faut avoir soin de fermer le croisillon, et de donner ensuite quelques tours à la manivelle du cylindre F.

On produit du gaz, jusqu'au point où l'on veut que l'aiguille du manomètre s'arrête, en tournant à diverses reprises la manivelle de la sphère B : 6 atmosphères suffisent pour une bonne saturation.

Lorsqu'on a épuisé l'eau de la sphère, et qu'on veut la renouveler, il faut avoir le soin de refermer le robinet de communication du gaz du cylindre à la sphère, et de laisser échapper la pression, en dévissant le bouchon d'un tour ou deux, puis la sphère est de nouveau emplie d'eau.

Aussitôt la sphère remplie, on remet le bouchon, et on ouvre de suite après le robinet de communication du gaz.

Quand on a ouvert le croisillon de la soupape à acide, et que l'aiguille du manomètre ne marche plus, cela indique que les matières sont épuisées, et c'est alors qu'on doit procéder à leur vidange.

Pour ce faire, on commence par fermer le robinet de communication, et on dévisse le bouchon à matières d'un tour ou deux (1), alors on entend un petit sifflement, ce qui indique l'échappement de la pression contenue dans le cylindre, pression qu'on active en tournant lentement la manivelle, afin d'aider à l'échappement du gaz accumulé dans les matières.

Lorsque le sifflement cesse, on met sous le cylindre F, un baquet ou seau pour recevoir les matières, puis on tourne, ou plutôt on ouvre le bouchon à manivelle placé sous le cylindre, et afin de faciliter l'écoulement de la craie épuisée, on imprime quelques tours à la manivelle K du cylindre. Cette opération terminée, on ferme l'orifice inférieur dudit cylindre, et on introduit dans celui-ci 5 à 6 litres d'eau. On tourne rapidement la manivelle, on ouvre, à nouveau l'orifice inférieur afin de laisser écouler l'eau de nettoyage et par suite l'adhérence des matières contre les parois du métal ; puis, on recommence la charge, de la manière indiquée ci-dessus.

Quand l'appareil est à nouveau chargé, et avant d'ouvrir le robinet de communication, il est nécessaire de déterminer une certaine pression dans le cylindre, de manière qu'en ouvrant le robinet, l'aiguille du manomètre monte plutôt que de descendre, car si l'aiguille descendait, c'est qu'il y aurait plus de pression dans la sphère que dans le cylindre, et cette pression viendrait intempestivement peser sur la surface de l'eau, contenue dans le vase laveur, et déterminerait l'écoulement de cette eau sur les matières, par le tube plongeur, alors le gaz ne se trouverait plus lavé.

Cette manœuvre, ne doit s'observer que lorsqu'on veut recommencer la charge dans le cylindre, et conserver la pression dans la sphère.

Il est essentiel que la pression exercée dans le cylindre dépasse peu celle de la sphère, en d'autre termes, il faut que l'aiguille du manomètre monte constamment.

Enfin, on devra faire en sorte, que les matières ne séjournent pas plusieurs jours dans l'intérieur du cylindre, ni l'eau dans l'intérieur de la sphère.

---

(1) Nous recommandons de faire échapper la pression, contenue dans le cylindre, par le bouchon à matières et non par tout autre orifice.

CHAPITRE XII

Glacière. — Cylindre pour le transport des eaux de seltz Appareils pour comptoirs

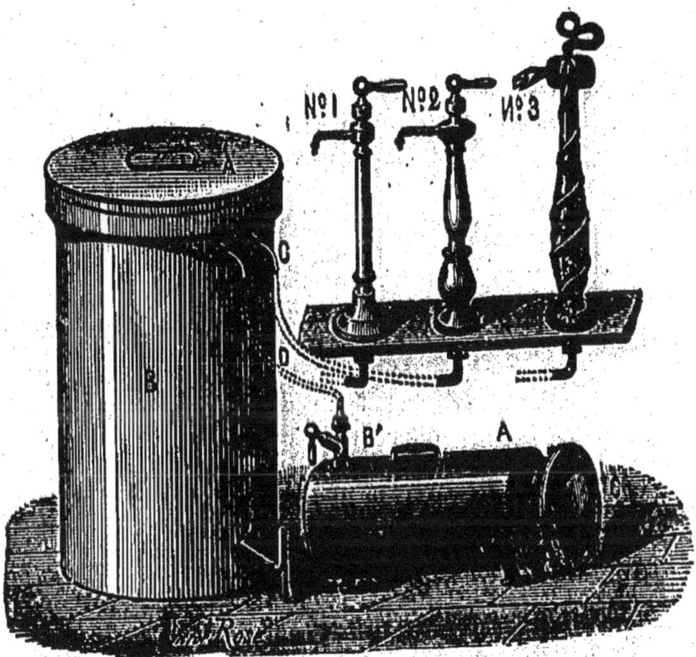

Dessin d'ensemble, comprenant une glacière ou réfrigérant, un cylindre pour le transport de l'eau de seltz, et colonnes pour comptoirs.

Les buvettes sont très répandues à l'étranger, notamment en Angleterre, en Allemagne et en Amérique, ou presque tous les pharmaciens y débitent des sirops gazeux.

Notre appareil réfrigérant, offre de grands avantages sur ceux fabriqués jusqu'à présent.

Il se compose :

1° D'un cylindre en zinc, constituant le corps extérieur, et d'un deuxième cylindre, de dix centimètres plus petit, logé dans l'intérieur du premier. L'espace compris entre ces deux cylindres, est rempli par une matière isolante, c'est-à-dire mauvaise conductrice du calorique.

Le fond du cylindre et le couvercle sont également à double enveloppe, et garnis de la même substance isolante.

Le couvercle est mobile, afin de faciliter l'introduction de la glace; celle-ci doit être cassée en morceaux de la grosseur du poing.

2° Une troisième enveloppe, formant gorge, occupe circulairement la partie supérieure du cylindre, et est disposée, de manière, à recevoir le rebord du couvercle.

Deux verres d'eau versés dans cette gorge, suffisent pour obtenir une fermeture hydraulique, fermeture au moyen de laquelle on intercepte complètement l'introduction de l'air dans l'intérieur de la glacière, d'où résulte que la glace ne peut fondre que très lentement.

Ce système offre une économie de 25 à 30 pour cent, sur ce qui se fait actuellement en ce genre.

3° A l'intérieur de la glacière, se trouve un serpentin en étain, qui n'a pas moins de 8 mètres de développement. Deux raccords sont disposés à l'intérieur et à l'extérieur de la glacière, et les écrous à vis du serpentin viennent se fixer sur ces deux raccords.

4° Le serpentin occupe environ la moitié de la hauteur de la glacière, il doit intérieurement être enveloppé de gros graviers, d'un volume uniforme, préalablement lavés et ayant une épaisseur de 2 centimètres au-dessus du serpentin. Ce gravier a pour objet, de supporter la masse de glace, de s'interposer entre les tubes du serpentin, afin que ceux-ci ne fatiguent pas, et n'aient aucun contact entre eux.

5° Un tuyau, en col de cygne, placé au bas de la glacière, sert à l'écoulement du trop plein de l'eau, provenant de la fonte de la glace.

Cependant, il doit toujours rester assez d'eau dans l'intérieur de la glacière, pour que la base du serpentin baigne dans l'eau glacée.

Avec ce système, chaque verre de liquide mis en consommation a parcouru toute la longueur du serpentin, à la température de zéro.

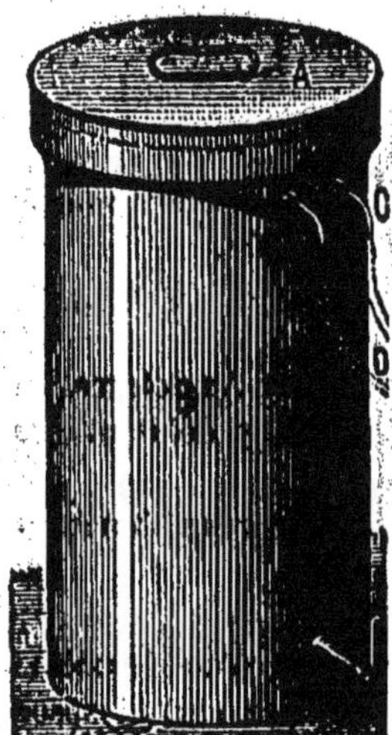

PRIX DE L'APPAREIL

Glacière ou réfrigérant.......................... 70 francs

Hauteur de l'appareil : 0,60 centimètres.

Diamètre de l'appareil : 0,43 centimètres.

Cylindre pour le transport des eaux de seltz

Les cylindres portatifs à eau de seltz, sont en cuivre rouge martelé et étamé intérieurement et extérieurement à l'étain fin. Ils sont construits de manière à pouvoir être visités à tout moment, et cela au moyen d'un joint à brides, qui en permet instantanément le nettoyage, ou après de longues années de service, un nouvel étamage.

L'appareil est maintenu fixe et en surélévation, par quatre pieds en cuivre.

Un seul robinet sert à l'emplissage du cylindre, et au débit du liquide qu'il contient.

Une poignée en cuivre placée sur l'appareil en facilite le transport.

Il existe trois grandeurs différentes de ce cylindre. Les trois modèles, avant de sortir des ateliers de construction, sont éprouvés à une pression de vingt atmosphères.

PRIX DE L'APPAREIL

Cylindre portatif en cuivre, n° 1, contenant 18 à 20 litres	75 fr.
Cylindre portatif en cuivre, n° 2, contenant 28 à 30 litres	100
Cylindre portatif en cuivre, n° 3, contenant 35 à 37 litres	130

Instructions pour l'emplissage des cylindres portatifs, à eau de seltz.

On démonte l'embouchure du robinet, on monte le raccord du tuyau sur l'extrémité du robinet, on place le cylindre debout, le robinet en haut, on l'approche de l'appareil producteur et on monte sur celui-ci l'extrémité opposée du tuyau, en ayant soin toutefois, de serrer avec précaution, afin de ne pas le tordre.

On ouvre ensuite le robinet du cylindre, en tournant la clef d'un demi-tour, on appuie sur le levier, comme si l'on voulait emplir un siphon et quand on s'aperçoit que le liquide ne rentre plus dans le cylindre, on tourne promptement le robinet, comme si l'on voulait le fermer, et on recommence ce mouvement deux ou trois fois, jusqu'à ce que le cylindre soit empli au degré voulu, c'est-à-dire aux 9/10 environ de sa capacité.

Lorsqu'on veut mettre une quantité fixe de liquide dans le cylindre, on le place sur une bascule, on fait la tare du poids brut, on y ajoute ensuite la quantité de litres qu'on veut obtenir, et cela sans difficulté, car le tuyau est assez flexible, pour ne pas gêner la manœuvre du pesage.

Observations. — Aussitôt le cylindre plein, il faut fermer le robinet, avant de dévisser le tuyau, afin d'éviter la perte du gaz.

Une fois le cylindre plein, on le place sous le comptoir. Quand on possède une glacière, on visse le tuyau correspondant au serpentin, et l'extrémité opposée à la colonne de comptoir. On ouvre alors le robinet du cylindre et la communication est immédiatement établie, entre celui-ci et le producteur, en passant par la glacière.

Quand on ne possède pas de glacière, il est indispensable, si l'on veut avoir une boisson agréable, de placer le cylindre dans un endroit frais et de préférence dans une cave. En ce cas, il faut que le tuyau de raccordement soit plus long.

Colonnes de Comptoir

Colonne N° 1

Colonne N° 2

Colonne N° 3

PRIX DES MODÈLES

N° 1.	— Modèle en cuivre étiré........	19 fr.	— Argenté ou platiné....	26 fr.
N° 2.	— Modèle à moulures, cuivre fondu	32	— — —	45
N° 3.	— Modèle riche en cuivre ciselé, fond argenté et serpent doré.........			80

Les colonnes doivent être placées sur des comptoirs en marbre, bois ou métal; de plus il est nécessaire de les serrer solidement, au moyen d'un contre-écrou, à l'effet d'empêcher la vibration dans les tuyaux.

Ajoutons, pour mémoire, qu'il faut joindre le tuyau à la colonne, en le vissant sur le raccord, et de l'autre côté sur un des raccords de la glacière; ou sur le cylindre portatif, si on ne possède pas de glacière.

CHAPITRE XIII

Mesureurs à Sirops

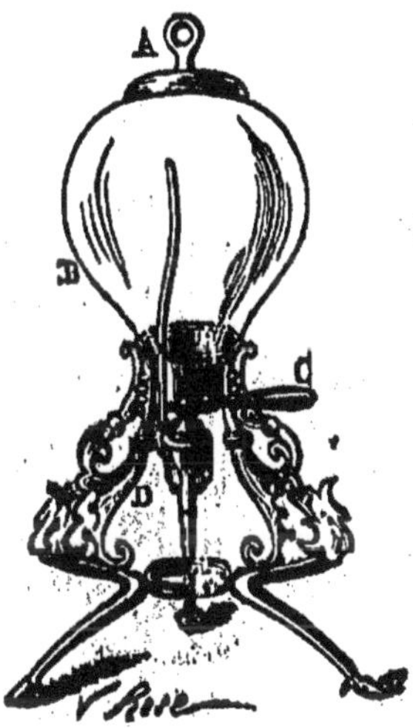

Mesureur à sirop en Cristal,
avec robinet argenté
et trépied en bronze, vernis or.

Prix de l'appareil complet.............. **80 fr.**

Le mesureur à doser les sirops, est apprécié de tous les grands établissements par la promptitude de son débit.

La quantité exacte qu'il donne à chaque verre et sa forme élégante, résume le principe : de l'utile à l'agréable.

Comme ornementation de comptoir, c'est un appareil qui satisfait à toutes les exigences.

La couleur du vase en cristal B, varie selon le goût : du blanc au bleu, du vert à l'orange.

Pour fournir les doses de sirop dans chaque verre, il suffit de ramener la poignée du robinet de droite à gauche, puis de laisser couler le sirop dans le verre, et ce premier mouvement exécuté, de replacer la poignée dans la position première.

Ce mouvement peut se faire quatre ou cinq fois à la minute et ne prend que le temps de vider ou de remplir la capacité du robinet.

**Mesureur à sirop, en cuivre rouge étamé,
avec robinet argenté et compteur.
Trépied en bronze, vernis or.**

Prix de l'appareil complet.................. **150 fr.**

Le mesureur à doser le sirop, en cuivre rouge étamé intérieurement, est muni d'un compteur, servant à contrôler la vente faite dans la journée.

Généralement, cet appareil est employé dans les kiosques des voies publiques, avec lui, pas un verre de sirop ne peut être tiré sans que le compteur ne l'indique.

Le mouvement est le même pour remplir les verres, que pour le mesureur en cristal.

**Compteur à eau, monté sur colonne,
vernis or,
pour être placé sur les comptoirs.**

Prix de l'appareil complet.............................. **80 fr.**

Le compteur à eau, monté sur colonne, se place généralement sur le comptoir. Un tuyau de communication, venant soit du cylindre portatif ou de la glacière, sert à alimenter le robinet de distribution placé sur la colonne. Le mécanisme de ce compteur est combiné, de manière à ce que l'on ne puisse jamais remplir un seul verre, sans faire tourner les ailes du compteur, et faire marcher les aiguilles.

Cet appareil, est en réalité, le complément des buvettes, et donne en même temps toute sécurité.

CHAPITRE XIV

Les Sirops et leur fabrication

Préparation des Sirops pour limonades gazeuses

Bassine simple en cuivre rouge, pour la cuisson des sirops.

Fig. 1

Bassine à double fond en cuivre rouge, chauffée par la vapeur, pour la cuisson des sirops.

Fig. 2.

Bassine simple

Contenance	20	litres	prix........	20 fr.
—	25	»	»	25
—	30	»	»	35
—	45	»	»	45
—	65	»	»	65

Bassine à double fond

Contenance	30	litres	prix........	200 fr.
—	40	»	»	230
—	50	»	»	280
—	60	»	»	350

Le fabricant doit apporter tous ses soins à la préparation de ses sirops. Il doit d'abord s'assurer que le sucre est de première qualité et que l'eau est bien filtrée.

Deux procédés peuvent être également employés : le premier consiste à mettre sur un fourneau et à l'action d'un feu très-vif, une bassine en cuivre rouge non étamé (fig. 1.) dans laquelle on a préalablement versé le sucre et l'eau. Aussitôt la première ébullition qui ne doit pas durer plus d'une demi-minute, la bassine est retirée du feu.

Le deuxième procédé consiste à faire cuire le sirop à la vapeur, dans une bassine à double fond (fig. 2). Après y avoir introduit les doses d'eau et de sucre, qui seront indiquées ci-après, on ouvre le robinet A, par lequel la vapeur arrive. On règle le robinet purgeur, de manière à ne laisser sortir qu'une partie de l'eau condensée dans le double fond. Puis aussitôt que le sirop est en ébullition, on ferme l'arrivée de vapeur A, on retire le sirop de la bassine par le robinet C, placé au-dessous de l'appareil, et aussitôt après, on lave celle-ci avec soin, car elle doit toujours être dans un parfait état de propreté.

SIROP POUR LIMONADE GAZEUSE

Sucre blanc en pain, 50 kilos; eau limpide, 25 litres. Remuer avec une spatule jusqu'à ce que le sucre soit fondu.

Faire fondre à la chaleur et, au premier bouillon, fermer le robinet de vapeur ou enlever la bassine de dessus le fourneau.

Si le sirop pèse 29 degrés au pèse-sirop, il faut ajouter 500 grammes d'acide tartrique. On remue vivement avec la spatule, et on verse le sirop sur un tamis ou une chausse en feutre; le sirop doit se conserver dans des pots en grès et dans un endroit le plus frais possible, il ne doit être recouvert que quand il est entièrement refroidi. S'il pesait plus de 29 degrés, il faudrait y ajouter un peu d'eau, et si, au contraire, il pesait moins de 29 degrés, il faudrait le laisser bouillir, jusqu'au moment où il aurait atteint ce degré.

La dose du sirop par bouteille, pour première qualité, est de 100 grammes; pour deuxième qualité, 75 grammes, et pour troisième qualité de 50 grammes. Le fabricant règle ces proportions suivant son prix de vente, et suivant l'usage établi dans la localité.

SIROP POUR LIMONADE AU CITRON

Prendre 10 litres du sirop ci-dessus, y ajouter 100 grammes d'arôme de citron. Cet arôme, ainsi que celui à l'orange, ne doit être mis dans le sirop qu'au moment de s'en servir, afin que le parfum s'en conserve intact.

SIROP POUR LIMONADE A L'ORANGE

Prendre 10 litres du sirop ci-dessus, et y ajouter 100 grammes d'arôme d'orange.

La dose de ces sirops est de 1 décilitre par bouteille; le sirop se met d'avance dans la bouteille, qui est ensuite remplie d'eau gazeuse; il faut avoir soin de mêler le sirop et l'eau gazeuse, aussitôt que la bouteille est pleine et bouchée.

AROME DE CITRON : 1er PROCÉDÉ

Zester avec soin 500 citrons, c'est-à-dire : enlever la partie jaune sans toucher à la blanche, mettre macérer les zestes pendant huit jours dans un mélange de 7 litres d'eau et 14 litres d'alcool à 36 degrés.

Distiller ensuite la liqueur dans un alambic et au bain-marie, pour retirer l'arôme à 28 degrés.

Procéder de la même manière pour l'arôme d'orange.

2me PROCÉDÉ

Zester avec soin les citrons, mettre digérer les zestes pendant quinze jours, dans de l'alcool à 36 degrés, filtrer la liqueur et la conserver pour l'usage.

Même procédé pour l'arôme d'orange.

3me PROCÉDÉ

Essence nouvelle de citron, 60 grammes; faire dissoudre dans un litre d'alcool.

Même procédé pour l'arôme d'orange.

NOTES DIVERSES

Si l'on veut avoir de la limonade gazeuse rouge à l'orange, il faut mettre dans le sirop du carmin liquide; la dose est selon la teinte que l'on veut donner à la limonade.

Si l'on veut faire de la limonade gazeuse, soit au rhum, au cognac ou au kirsch, il faut mettre dans le sirop de sucre, un petit verre à liqueur ou le 30me du litre de rhum, cognac ou kirsch.

Si l'on veut faire de la limonade à la framboise, il faut mettre de la conserve de framboise, dans la limonade ordinaire sans arôme. Pour conserver cette limonade un mois ou six semaines en bouteilles, ainsi que toutes les autres limonades aux fruits, il faut mettre dans chaque bouteilles, 5 centigrammes de sulfite de soude, sinon on ne pourrait, sans altération, la conserver plus de huit ou quinze jours.

OBSERVATIONS

Si la limonade en bouteilles bouchées au liége n'est pas piquante, cela ne tient nullement à l'appareil, mais bien à la personne à laquelle le tirage est confié et qui, probablement laisse trop échapper de gaz au moment de l'opération.

La limonade mise en vases siphoïdes, est beaucoup moins piquante que celle contenue dans les bouteilles ordinaires, attendu que le liquide, sortant sans pression, produit une grande quantité de mousse, qui est formée aux dépens de l'acide carbonique même, renfermé dans le vase.

Les limonades prennent à la longue dans les vases, un goût qui provient de l'action de l'acide tartrique sur l'étain de la soupape, il ne faut donc pas que ces limonades soient conservées trop longtemps.

Arôme de Citron et d'Orange, prix du litre : 6 fr. L'emballage est en sus des prix

CHAPITRE XV

Les vins mousseux

Les vins mousseux ne devant leur propriété qu'à la présence de l'acide carbonique, obtenu par une préparation particulière, il s'ensuit que tous les vins de n'importe quels crûs peuvent être champagnisés et devenir pétillants par l'addition artificielle du gaz carbonique ; cette base posée, il s'agit d'obtenir de la persistance et de donner à ces vins le bouquet qui en double la valeur, il faut pour cela employer la liqueur dont on se sert en Champagne, et dont plus loin la formule.

Lorsqu'on veut champagniser des vins il faut toujours prendre de préférence les vins légers et les plus blancs possible; qu'ils soient exempts de goût de terroir.

Ces vins doivent au préalable, et avant toute opération, être collés avec un soin tout particulier ; on se sert pour cela de divers moyens, mais il en est un qui est employé avec succès et que nous conseillons : *Poudre de Julien* nº 2, en ayant soin d'y ajouter une petite fiole de liqueur de *Tannin*.

Quinze jours après le collage, le vin est introduit dans la sphère de l'appareil.

Avant de gazéifier le vin, on devra préparer les bouteilles, dans lesquelles on mettra à l'avance 120 grammes de la liqueur ci-dessous :

Sucre candi...............................	10 kilog.
Vin blanc.................................	10 kilog.
Eau-de-vie de Champagne ou cognac blanc..	1 kilog. 500 gr.
Sulfate de soude.........................	5 grammes.

Faire dissoudre le tout à froid dans un flacon et filtrer au papier.

On procède ensuite à la mise en bouteilles, comme on le fait ordinairement pour la limonade.

Il faut apporter le plus grand soin dans le choix des bouteilles. Elles doivent supporter une pression de 15 atmosphères au moins; avant de les employer il faut les éprouver. Il suffit pour cela de charger l'appareil de gaz et d'eau, au degré voulu, et de faire ensuite l'épreuve; celles qui auront résisté, peuvent recevoir, sans aucune crainte de perte, le vin saturé à une pression bien moindre.

Le bouchage est un point capital; les bouchons choisis neufs doivent être exempts de tares. Avant de s'en servir, il faut les ramollir dans de l'eau tiède, ou mieux dans du vin; on peut également et avec avantage, les ramollir en les exposant, pendant quelque temps, et dans un linge, à l'action des vapeurs de l'eau bouillante. Forcés dans le cône de la machine à boucher ils doivent remplir hermétiquement, par leur dilatation, le goulot de la bouteille. L'ouvrier, alors, n'a plus qu'à ficeler et à placer le fil de fer selon l'usage de la Champagne, on recouvre ensuite le tout d'une feuille d'étain ou d'une couche de goudron, ce dernier mode n'est guère employé que pour les vins qui doivent être expédiés dans les contrées du nord, telles que la Russie, la Norwège, etc.

Lorsqu'on veut faire des champagnes rosés et que le vin ne possède pas cette coloration, on la lui donne d'une manière artificielle, en ajoutant deux ou trois gouttes, par bouteille, de baies de sureau ou d'hièble macérées dans l'esprit de vin. Il est préférable de colorer les champagnes, avec une addition d'un vin rouge très foncé, ou avec du jus de merises. Souvent on aromatise les vins avec de la teinture de framboises.

INSTRUCTIONS

pour gazéifier les vins mousseux, avec l'appareil à gaz comprimé et semi-continu

(*Voir le dessin page* 21)

Pour gazéifier les vins, il faut à chaque appareil un supplément de tuyau, et un robinet spécial. Ce robinet, fixé à l'une des extrémités du tuyau, vient se visser sur le dégorgeoir de la machine à boucher, et l'autre extrémité qui porte un raccord, se visse sur la soupape de sûreté, Les nouvelles soupapes établies sur nos appareils, ont un embranchement d'attente, qui permet d'y adapter facilement cette disposition supplémentaire.

La charge dans le cylindre, pour la production du gaz, se fait de la même manière que pour l'eau gazeuse.

On peut faire usage de bi-carbonate de soude, à la place du carbonate de chaux, seulement il faut alors, que la quantité employée, soit plus forte d'un quart, aussi au lieu de 2 litres de carbonate de chaux, 2 litres 1/2 de bi-carbonate de soude sont nécessaires. On peut également remplacer l'eau dans le vase laveur, par du vin de qualité inférieure, à celui qu'on veut gazéifier, mais cette substitution n'est pas de première nécessité.

Pour la fabrication des vins mousseux, on ne doit pas, lorsqu'il s'agit d'introduire le liquide dans la sphère, se servir de la pompe, il est préférable que l'introduction ait lieu par le bouchon supérieur. Une fois la sphère pleine, on ferme le bouchon, et on envoie dans le saturateur une certaine quantité de gaz, à la pression de un à deux atmosphères. C'est alors seulement, qu'on retire deux litres de liquide, et qu'on sature le vin avec du gaz, à la pression de quatre à cinq atmosphères, en ayant soin toutefois, de fermer le robinet d'aspiration de la pompe, car si on laissait ce robinet ouvert on introduirait de l'air dans l'intérieur, et par suite on obtiendrait un mauvais résultat, surtout au point de vue de la qualité du liquide.

Cette observation ne s'applique qu'aux appareils semi-continu, car dans ces appareils, la saturation du vin, se fait au moyen du mécanisme qui fait fonctionner la pompe.

La saturation terminée, on s'occupe alors du tirage, voici à cet égard comment il faut procéder :

On introduit le bouchon dans le cône, on place la bouteille, et au moyen de la pédale on la met en contact avec le disque en caoutchouc du cône, puis on ouvre le robinet, vissé préalablement, comme il a été dit ci-dessus, sur le dégorgeoir de la machine à boucher.

Immédiatement, le gaz contenu dans la sphère, fait pression sur l'orifice qui communique à la bouteille, et c'est alors qu'on ouvre le robinet d'emplissage et que le liquide descend graduellement, sans projection et sans mousse, dans la bouteille à emplir.

Quand celle-ci est pleine, on ferme le robinet d'emplissage, et le robinet de communication du gaz, puis on bouche, suivant la méthode décrite précédemment, en ayant soin de ne pas trop enfoncer le bouchon, afin qu'il forme champignon, comme dans les bouteilles de Champagne. Uue fois la première bouteille emplie, on ne doit plus tourner le volant, qui fait mouvoir l'agitateur de la sphère, car si l'on tournait pendant le tirage, l'air qui se trouve contenu dans les bouteilles, et qui communique par le tuyau, dans l'intérieur de la sphère, à la surface du liquide, se trouverait mélangé et produirait un mauvais résultat, car l'air est toujours nuisible aux vins et surtout aux vins blancs.

Quant il ne reste plus de vins dans le saturateur, on ferme le croisillon du piédouche, qui intercepte la communication du gaz du cylindre à la sphère, on laisse échapper la pression, en dévissant d'un tour ou deux, et quand il ne reste plus de gaz, on dévisse entièrement le bouchon, et on recommence l'opération de la manière décrite ci-dessus.

Pour gazéifier les vins, avec les appareils continus, il faut joindre le tuyau de l'aspiration de la pompe, au tonneau dans lequel le vin se trouve contenu ; il faut aussi que le tonneau soit élevé de 40 à 50 centimètres au-dessus du sol.

On peut également se servir d'un réservoir, absolument comme si on fabriquait de l'eau gazeuse, mais alors, il est nécessaire que ce réservoir soit en grès ou en porcelaine, afin d'éviter de laisser séjourner le vin dans le métal : contact toujours nuisible, en supposant même que ce métal soit de l'argent.

Après avoir empli la sphère de vin, à l'aide de la pompe, on ferme le robinet et on ramène l'aiguille de la clef du robinet sur la lettre F, qui signifie **fermé.** Ensuite, on tourne au volant, afin d'aspirer du gaz et de monter la pression jusqu'à cinq ou six atmosphères. Alors seulement on cesse de tourner.

En remplissant la sphère de vin, on doit avoir le soin d'ouvrir le robinet de retour du gaz et de laisser échapper l'air contenu dans la sphère, au fur et à mesure que le liquide monte par la pompe; puis on referme le robinet, aussitôt que la sphère est pleine.

Pour la fabrication en grand, si l'on veut se servir de plusieurs tirages à la fois et faire un travail continu, il est indispensable d'avoir un appareil dit : « de résistance », ou chaque tirage communique avec le tuyau et le robinet et au moyen duquel on obtient une contre-pression du gaz, contre-pression provenant alors de la bouteille même.

Le prix de l'appareil de tirage, avec 1 mètre 50 de tuyaux est de 100 fr.

En plus, pour chaque tirage........................ .... 50 »

Cet appareil se place directement sur la soupape de sûreté de la sphère saturateur, et sur tous les modèles quels qu'ils soient.

La réussite pour la parfaite gazéification des vins mousseux, tient particulièrement à la bonne qualité des vins qu'on emploie. Il est surtout important qu'ils soient vieux et qu'ils aient subi plusieurs soutirages. Il y a même des vins qui ont besoin d'être filtrés : le filtrage doit se faire, au moyen de porcelaine concassée, à peu près de la grosseur d'un grain de millet. Il faut avoir soin de bien laver la substance filtrante, avant de commencer l'opération.

Diverses expériences nous ont prouvé que l'argenture intérieure des appareils, n'est pas de première nécessité, lorsqu'il s'agit de gazéifier des vins, car avec les vins inférieurs, les essais faits n'ont pas été plus concluants dans les appareils argentés, que dans ceux étamés à l'étain fin; avec des vins de qualité supérieure, les résultats ont été absolument les mêmes.

Nous avons essayé la gutta-percha, pour garnir intérieurement les sphères et les conduits, mais avec cette substance, les vins inférieurs qui contiennent trop de tannin nous ont donné des résultats défectueux.

Nous concluons donc de ce qui précède, que tous les appareils destinés à la fabrication des eaux-de-seltz et limonades, peuvent indistinctement servir à la gazéification des vins, à la condition que ceux-ci soient de bonne qualité.

PRIX-COURANTS

DES APPAREILS ET PIÈCES DÉTACHÉES

POUR FABRICATION

DES EAUX ET BOISSONS GAZEUSES

Appareil saturateur n° 2

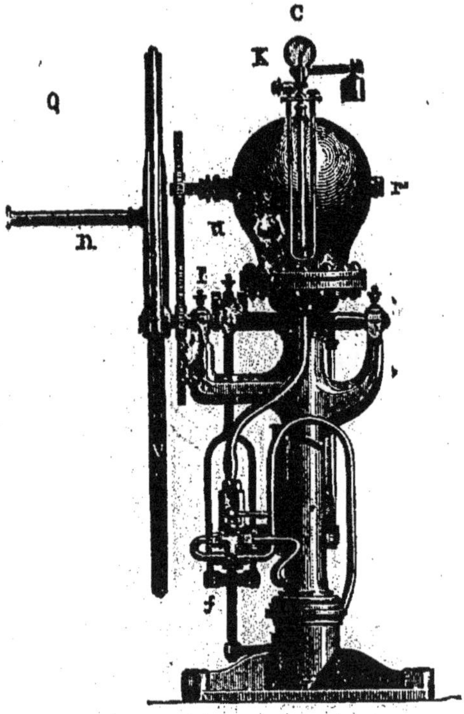

Cet appareil à une pompe, fonctionnant à bras peut produire par jour 1,800 bouteilles ou 1,400 siphons.

Grosseur du piston de la pompe : 50 millimètres, course du piston : 120 millimètres.
Diamètre du saturateur, forme ballon : 38 centimètres.
Hauteur du saturateur : 44 centimètres.
Hauteur totale de l'appareil : 1 mètre 60 centimètres.
Largeur de l'appareil : 85 centimètres.
Longueur de l'appareil : 1 mètre 40 centimètres.
Cet appareil n'occupe que 1 mètre 40 centimètres de superficie.
Un seul homme peut le faire fonctionner.

Prix de l'appareil saturateur, n° 2, avec clefs pour montage et démontage 900 fr.

Le même, muni de deux poulies pour le faire fonctionner par vapeur ou manège.. 950

Poids net de l'appareil : 240 kilogrammes.
Poids brut de l'appareil emballé, environ : 350 kilogrammes.

Prix de l'emballage à claire-voie.............................. 35

Prix de l'emballage, bois plein, pour l'exportation.............. 45

Cubage des caisses : 1 mètre 600 centimètres.

Appareil saturateur nº 3

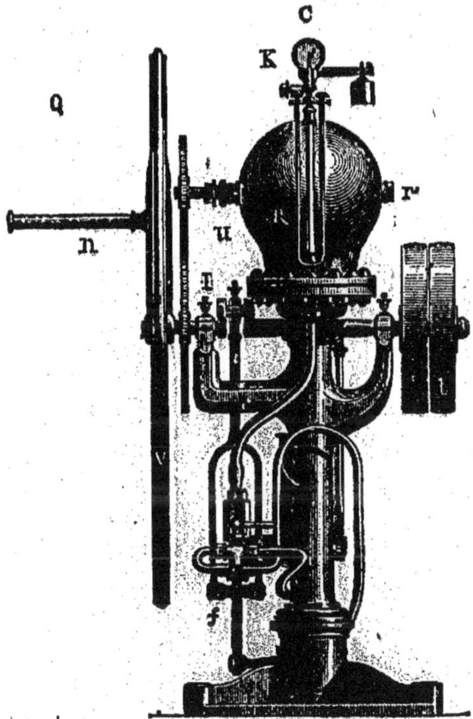

Cet appareil saturateur nº 3 à une pompe, fonctionne indifféremment à bras et à la vapeur. Il peut produire par jour 3,300 bouteilles ou 3,000 siphons.

Il fonctionne à la vitesse de 90 tours à la minute.

Grosseur du piston de la pompe : 60 millimètres, course du piston : 120 millimètres.

Diamètre des poulies de commande : 45 centimètres.

Largeur des poulies : 8 centimètres.

Diamètre du saturateur, forme ballon : 40 centimètres.

Hauteur du saturateur, forme ballon : 46 centimètres.

Hauteur totale de l'appareil saturateur : 1 mètre 72 centimètres.

Largeur de l'appareil saturateur : 1 mètre.

Longueur de l'appareil saturateur : 1 mètre 45 centimètres.

Cet appareil n'occupe que 1 mètre 45 de superficie.

Il marche à bras, et dans ce cas, deux hommes peuvent le faire fonctionner.

Prix de l'appareil saturateur nº 3, avec clefs pour montage et démontage	1,400 fr.
Prix de l'emballage à claire-voie..	40
Prix de l'emballage, bois plein, pour l'exportation........................	50

Poids net de l'appareil : 360 kilogrammes.

Poids brut de l'appareil, tout emballé : 480 kilogrammes.

Cubage des caisses : 2 mètres cubes.

Appareil saturateur n° 4

Cet appareil saturateur n° 4, continu et à 2 pompes, peut produire par jour 7,000 bouteilles ou 6,000 siphons.

Il fonctionne à la vitesse de 90 tours à la minute.

Grosseur du piston des pompes : 60 millimètres, course du piston : 120 millimètres.

Diamètre des poulies de commande : 45 centimètres.

Largeur des poulies : 8 centimètres.

Diamètre du saturateur, forme ballon : 42 centimètres.

Hauteur du saturateur, forme ballon : 48 centimètres.

Hauteur totale de l'appareil saturateur : 1 mètre 75 centimètres.

Largeur de l'appareil saturateur : 1 mètre.

Longueur de l'appareil saturateur : 1 mètre 15 centimètres.

Cet appareil n'occupe que 1 mètre 20 de superficie.

La force de un cheval-vapeur suffit à son fonctionnement.

Prix de l'appareil saturateur n° 4, avec clefs pour montage et démontage 1,700 fr.
Prix de l'emballage à claire-voie.. 50
Pri de l'emballage, bois plein, pour l'exportation.......................... 60
Poids net de l'appareil : 425 kilogrammes.
Poids brut de l'appareil, tout emballé : 525 kilogrammes.
Cubage des caisses : 2 mètres cubes.

Appareil continu à 3 pompes, n° 5

Cet appareil saturateur à trois pompes, n° 5, peut produire par jour, 10,500 bouteilles ou 9,000 siphons.

Il fonctionne à la vitesse de 90 tours à la minute.

Grosseur du piston des pompes : 60 millimètres, course des pistons : 120 millimètres.

Diamètre des poulies de commande : 48 centimètres.

Largeur des poulies de commande : 10 centimètres.

Diamètre de la spère saturateur : 50 centimètres.

Hauteur totale de l'appareil saturateur : 1 mètre 75 centimètres.

Largeur de l'appareil saturateur : 1 mètre 50 centimètres.

Longueur de l'appareil saturateur : 1 mètre 40 centimètres.

Cet appareil n'occupe que 1 mètre 50 centimètres de superficie.

La force de 1 cheval 1/2 vapeur, suffit à son fonctionnement.

Prix de l'appareil saturateur, n° 5, avec clefs, pour montage et démontage 3,500 fr.

Prix de l'emballage de l'appareil.. 90

Poids net de l'appareil : 775 kilogrammes.

Poids brut de l'appareil, tout emballé : 950 kilogrammes.

Cubage des caisses : 3 mètres 550 centimètres cubes.

GAZOMÈTRES

Gazomètre en tôle galvanisée, complet, avec tuyau intérieur pour l'introduction et la sortie du gaz; raccord de prise de tuyaux et contre-écrou.

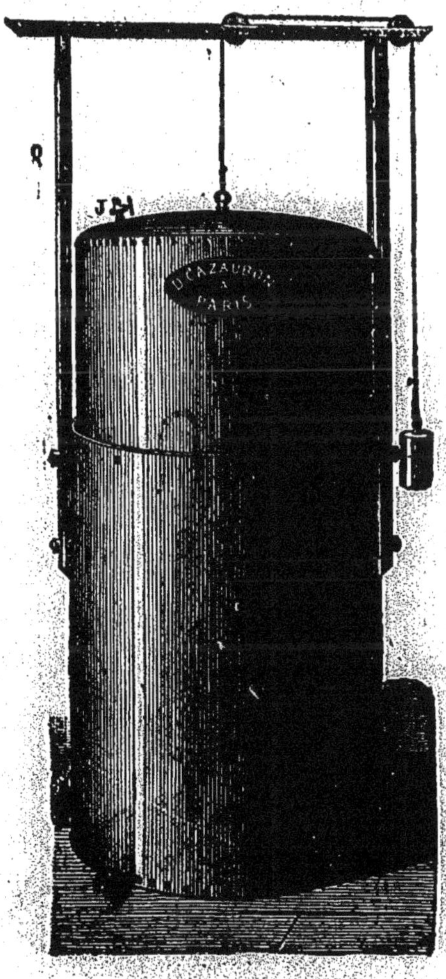

PRIX

Gazomètre n° 1, pour appareil groupé

Hauteur de la cuve : 90 centimètres.
Diamètre de la cuve : 60 centimètres.
Hauteur totale de l'appareil : 1m80.
Cubage de l'appareil emballé 550 c. cubes.
Prix de l'appareil................ 120 fr.
Emballage de l'appareil......... 15

Gazomètre n° 2 pour appareil continu à colonne

Hauteur de la cuve : 1 mètre 10 cent.
Diamètre de la cuve : 75 centimètres.
Hauteur totale de l'appareil : 2 mètres.
Cubage de l'appareil emballé : 835 c. cubes.
Prix de l'appareil................ 160 fr.
Emballage de l'appareil......... 17

Gazomètre n° 3 pour appareil continu à colonne

Hauteur de la cuve : 1 mètre 10 cent.
Diamètre de la cuve : 85 centimètres.
Hauteur totale de l'appareil : 2 mètres 20.
Cubage de l'appareil emballé : 1m180 cubes.
Prix de l'appareil.............. 195 fr.
Emballage de l'appareil......... 20

Gazomètre n° 4 pour appareil à 2 pompes

Hauteur de la cuve : 1 mètre 20 cent.
Diamètre de la cuve : 95 centimètres.
Hauteur totale de l'appareil : 2m.40 cent.
Cubage de l'appareil emballé : 1m430 cubes.
Prix de l'appareil............... 245 fr.
Emballage de l'appareil......... 28

Gazomètre n 5 pour appareil à 3 pompes

Hauteur de la cuve : 1 mètre 30.
Diamètre de la cuve : 1 mètre 05 cent.
Hauteur totale de l'appareil : 2 mètres 60.
Cubage de l'appareil emballé : 1m720 cent.
Prix de l'appareil.............. 300 fr.
Emballage de l'appareil......... 36

GÉNÉRATEURS

Le générateur n° 1, appartient à l'appareil continu groupé, qui se compose : d'un générateur en cuivre rouge, glacé intérieurement au plomb; d'un réservoir à acide en cuivre rouge, également glacé au plomb, de deux laveurs en cuivre rouge étamé à l'étain fin, et d'un troisième laveur-indicateur en cristal, d'une manivelle faisant mouvoir un agitateur, de bouchons d'introduction et de sortie des matières. Le tout disposé pour épuiser quatre litres d'acide sulfurique par charge.

Prix de l'appareil complet......................................	400 fr.
Prix de l'emballage à claire-voie..	12 »
Prix de l'emballage, bois plein, pour l'exportation.....................	15 »

Poids net de l'appareil : 92 kilogrammes.
Poids brut de l'appareil emballé :
Cubage de la caisse : 0,700 centimètres cubes.

Générateur n° 2

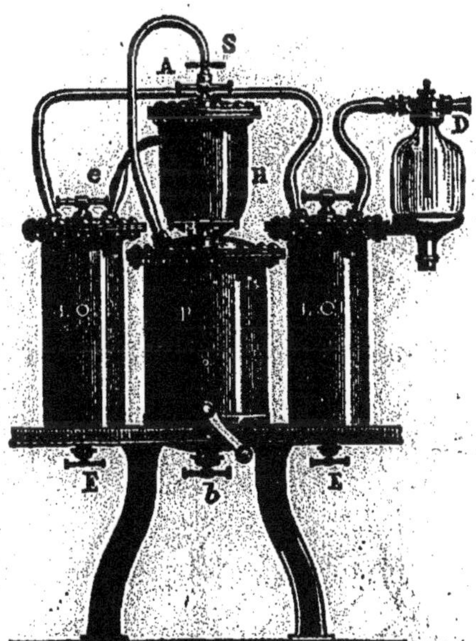

Ce générateur appartient à l'appareil continu à colonne n° 2. Il est monté sur un socle en fonte à quatre pieds ; il possède deux laveurs en cuivre étamé, et un troisième laveur indicateur en cristal, des tuyaux, des raccords, et le tout est disposé pour épuiser 5 litres d'acide sulfurique par charge.

Prix de l'appareil complet.. 500 fr.
Prix de l'emballage à claire voie.. 25 »
Prix de l'emballage, bois plein, pour l'exportation........................ 30 »
Poids net de l'appareil : 142 kilogrammes.
Cubage de la caisse : 0,910 centimètres cubes.

Générateur n° 3

Ce générateur fait partie de l'appareil continu, à colonne n° 3. Il est disposé pour épuiser 7 litres d'acide sulfurique par charge. — Voir pour détails l'appareil précédent n° 2.

Prix de l'appareil complet.. 650 fr.
Prix de l'emballage à claire voie.. 30
Pri. de l'emballage, bois plein, pour l'exportation........................ 35
Poids net de l'appareil : 166 kilogrammes.
Cubage de la caisse : 1 metre 300 centimètres cube.

Générateur n° 4

Ce générateur pour appareil continu à colonne, n° 4, à deux pompes est monté sur un socle en fonte à quatre pieds. Il est disposé pour fonctionner soit par une machine à vapeur, soit au moyen d'un manége. Il est accompagné comme l'appareil n 2 et n 3, de deux laveurs en cuivre rouge, un laveur-indicateur en cristal, de tuyaux, de raccords, etc., etc. et est disposé de manière à épuiser 8 litres d'acide sulfurique à chaque charge.

Prix de l'appareil complet.. 900 fr.
Prix de l'emballage à claire voie.................................. 40
Prix de l'emballage, bois plein, pour l'exportation................ 50
Poids net de l'appareil : 245 kilogrammes.
Cubage de la caisse : 1 metre 500 centimètres cubes.

Générateur n 5

Ce générateur est applicable à l'appareil continu à trois pompes n° 5. Il est disposé pour épuiser 10 litres d'acide sulfurique par charge. — Voir pour détails les légendes explicatives des appareils précédents.

Prix de l'appareil complet.. 1100 fr.
Prix de l'emballage à claire voie.................................. 50
Prix de l'emballage, bois plein, pour l'exportation................ 60
Poids net de l'appareil : 325 kilogrammes.
Cubage de la caisse : 1 metre 700 centimètres cubes.

Générateur isolé de différents modèles

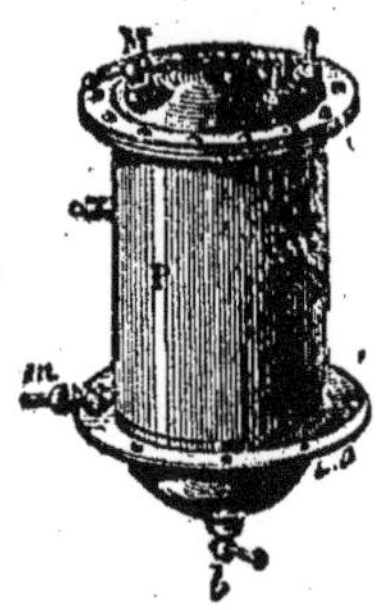

Il arrive souvent que l'appareil générateur se détériore seul, et dans ce cas, on le remplace sans toucher aux laveurs qui fatiguent bien moins. Ce remplacement du générateur, c'est-à-dire du récipient, dans lequel le mélange du carbonate de chaux et de l'acide sulfurique détermine la production du gaz acide carbonique, se fait aux conditions suivantes :

Générateur n° 1 de l'appareil continu groupé, en cuivre rouge, martelé et glacé au plomb intérieurement, avec boulons, manivelle et raccord pour la communication du gaz.
Hauteur de l'appareil : 50 centimètres,
Diamètre de l'appareil : 30 centimètres.
Prix de l'appareil.. 200 fr.
Prix de l'emballage de l'appareil.. 6
Poids net de l'appareil : 44 kilogrammes,

Générateur n° 2, de l'appareil continu à colonne, à une pompe (mêmes détails que pour le générateur n° 1).
Hauteur de l'appareil : 55 centimètres.
Diamètre de l'appareil : 34 centimètres.
Prix de l'appareil.. 250 fr.
Prix de l'emballage de l'appareil.. 8
Poids net de l'appareil : 51 kilogrammes.

Générateur n° 3 de l'appareil continu, à colonne, à une pompe (mêmes détails que pour le générateur n° 1).
Hauteur de l'appareil : 60 centimètres.
Diamètre de l'appareil : 36 centimètres.
Prix de l'appareil.. 300 fr.
Prix de l'emballage de l'appareil.. 10
Poids net de l'appareil : 60 kilogrammes.

Générateur n° 4 de l'appareil continu, à deux pompes (mêmes détails que pour le générateur n° 1). Avec addition, en plus, de poulies de commande, pour marcher à la vapeur.
Hauteur de l'appareil : 70 centimètres.
Diamètre de l'appareil : 40 centimètres.
Prix de l'appareil.. 450 fr.
Prix de l'emballage de l'appareil.. 15
Poids net de l'appareil : 100 kilogrammes.

Générateur n° 5 de l'appareil continu à trois pompes (mêmes détails que pour le générateur n° 1). Avec addition, en plus, de poulies de commande pour marcher à la vapeur.

Hauteur de l'appareil : 80 centimètres.
Diamètre de l'appareil : 50 centimètres.
Prix de l'appareil.. 600 fr.
Prix de l'emballage de l'appareil.. 25
Poids net de l'appareil : 165 kilogrammes.

RÉSERVOIRS A ACIDE

Réservoir à acide pour générateur n° 1

Ce réservoir est en cuivre rouge martelé, et glacé au plomb intérieurement, avec soupape régulatrice pour la distribution de l'acide.— Contenance : 5 litres.

Prix du réservoir à acide n° 1.. 70 fr.
Emballage de l'appareil.. 3
Poids net de l'appareil : 14 kilogrammes.

Réservoir à acide pour générateur n° 2

Mêmes détails que pour le n° 1. — Contenance 6 litres 1/2

Prix du réservoir à acide n° 2.. 80 fr.
Emballage de l'appareil.. 4
Poids net de l'appareil 16 kilogrammes 500.

Réservoir à acide pour générateur n° 3

Mêmes détails que pour le n° 1. — Contenance 8 litres

Prix du réservoir à acide n° 3.. 100 fr.
Emballage de l'appareil.. 5
Poids net de l'appareil : 20 kilogrammes.

Réservoir à acide pour générateur n° 4

Mêmes détails que pour le n° 1. — Contenance 10 litres

Prix du réservoir à acide n° 4.. 115 fr.
Emballage de l'appareil.. 6
Poids net de l'appareil : 23 kilogrammes.

Réservoir à acide pour générateur n° 5

Mêmes détails que pour le n° 1. — Contenance 12 litres

Prix du réservoir à acide n° 5 .... 140 fr.
Emballage de l'appareil 8
Poids net de l'appareil : 28 kilogrammes.

LAVEURS

Laveur pour générateur n° 1, pour appareil continu groupé

Ce laveur est en cuivre rouge, martelé et étamé à l'étain fin, il est accompagné de ses joints, boulons, raccords et bouchons.

Hauteur de l'appareil : 46 centimètres.
Diamètre de l'appareil : 18 centimètres.
Prix de l'appareil .... 40 fr.
Emballage de l'appareil 4
Poids net de l'appareil : 6 kilogrammes.

Laveur pour générateur n° 2

Mêmes détails que pour le précédent

Hauteur de l'appareil : 50 centimètres.
Diamètre de l'appareil : 20 centimètres.
Prix de l'appareil .... 70 fr.
Emballage de l'appareil 5
Poids net de l'appareil : 10 kilogrammes 500 grammes.

Laveur pour générateur n° 3

Mêmes détails que pour le n° 1

Hauteur de l'appareil : 55 centimètres.
Diamètre de l'appareil : 23 centimètres.
Prix de l'appareil.. 90 fr.
Emballage de l'appareil.. 6
Poids net de l'appareil : 12 kilogrammes 500 grammes.

Laveur pour générateur n° 4

Mêmes détails que pour le n° 1

Hauteur de l'appareil : 66 centimètres.
Diamètre de l'appareil : 27 centimètres.
Prix de l'appareil.. 125 fr.
Emballage de l'appareil.. 8
Poids net de l'appareil : 17 kilogrammes 500 grammes.

Laveur pour générateur n° 5

Mêmes détails que pour le n° 1

Hauteur de l'appareil : 77 centimètres.
Diamètre de l'appareil : 30 centimètres.
Prix de l'appareil.. 140 fr.
Emballage de l'appareil.. 10
Poids net de l'appareil : 20 kilogrammes.

LAVEURS-INDICATEURS EN CRISTAL

Ces laveurs ont particulièrement pour objet de faciliter l'observation de la production du gaz, et par suite la distribution ou plutôt l'écoulement proportionnel de l'acide sulfurique, sur le carbonate de chaux contenu dans le générateur.

Laveur en cristal, avec monture en cuivre, raccords et support, applicables à l'appareil continu n° 1, modèle groupé.
Prix du laveur pour appareil n° 1.. 30 fr.
Emballage du laveur.. 4

Laveur en cristal, avec monture en cuivre, raccords et support, applicables aux appareils continus nos 2, 3, 4 et 5.
Prix du laveur.. 40 fr.
Indicateur en cristal applicable à ce laveur............................ 12
Emballage du laveur complet.. 5

CALBOTTINS

Calbottin en fonte, à pédale et ressort

Cet appareil est destiné au ficelage des bouteilles.

PRIX

Calbottin en fonte, à pédale et ressort........	40 fr.
Emballage de l'appareil.....................	5

Instruction

Aussitôt que la bouteille est emplie, l'ouvrier tireur doit la placer dans le gobelet de l'appareil, en maintenant fortement le bouchon avec le pouce.

Il pose ensuite son pied sur la pédale, et alors le gobelet chargé de la bouteille descend jusqu'à ce que le bouchon puisse entrer sous les machoires de la griffe : alors l'ouvrier cède le pied, et par la puissance du ressort, la bouteille se trouve maintenue fixe entre le gobelet et la griffe.

Si l'on est deux à emplir et à ficeler, c'est l'ouvrier ficeleur qui doit faire fonctionner la pédale, puis il passe la ficelle autour du col de la bouteille, et croise les deux extrémités de cette ficelle entre les machoires de la griffe, en tournant deux fois la ficelle sur elle-même, c'est-à-dire en faisant coup sur coup deux nœuds simples. De la main droite il tient le couteau, et de la gauche le trèfle, instrument spécialement utilisé au ficelage. Alors, il n'a plus qu'à enrouler une des extrémités de la ficelle autour du manche du couteau et à enrouler l'autre extrémité dans les branches du trèfle, puis il tire fortement, en sens opposé, afin de bien serrer la ficelle, et que celle-ci s'imprime dans le centre du bouchon. Il ne reste plus ensuite qu'à placer une deuxième ficelle croisée sur la première, en procédant comme il vient d'être dit pour celle-ci.

Avec le calbottin, un homme seul peut ficeler les bouteilles, mais alors l'opération est beaucoup plus lente, puisqu'au ficelage, vient s'ajouter le temps de l'emplissage.

Calbottin simple

PRIX

Calbottin simple	14 fr.
Emballage de l'appareil	3

Instruction

Aussitôt que la bouteille est emplie, l'ouvrier tireur doit la déposer dans le gobelet de l'appareil, en ayant soin toutefois, de ne pas abandonner le bouchon à lui-même, et de le maintenir avec le pouce. Ceci fait, l'ouvrier ficeleur, passe la boucle faite à l'avance, sous le pouce de l'ouvrier tireur et cela le plus rapidement possible, afin que le bouchon ne puisse pas remonter; il croise ensuite la ficelle deux fois, il enroule l'une des extrémités autour du manche du couteau, et l'autre dans les branches du trèfle, en tirant fortement en sens opposé. C'est alors que l'ouvrier tireur abandonne la bouteille et en remplit une autre, tandis que le ficeleur, coupe les deux bouts de la ficelle, et en passe une deuxième, qu'il croise sur le bouchon, en procédant comme il vient d'être dit pour la première.

Couteau à ficeler
Prix : 2 fr.

Trèfle à ficeler
Prix : 2 fr.

Pince à griffe
Prix : 6 fr.

Observation. — La pince à griffe remplace le pouce de l'ouvrier, dans le trajet de la machine à boucher, jusqu'à la remise de la bouteille aux mains de l'ouvrier ficeleur.

TIRAGES

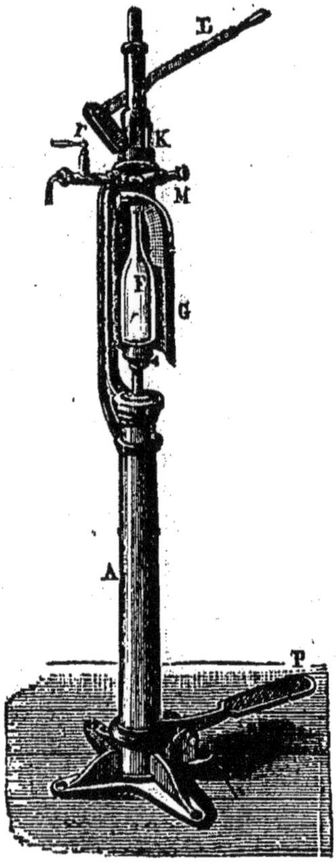

Tirage à la bouteille et bouchage au liége, montés sur colonne en fonte, avec cône et conducteur en bronze.

Prix du tirage à la bouteille............ 120 fr
Emballage de l'appareil.................. 7
Poids net de l'appareil : 43 kilogrammes.
Cube de la caisse d'emballage 0,206 cent. cubes.

Légende explicative

P. Pédale.
r. Robinet de communication.
L. Levier en fer.
G. Cuirasse de la bouteille.
A. Colonne en fonte.
K. Conducteur de la machine à boucher.
M. Dégorgeoir.

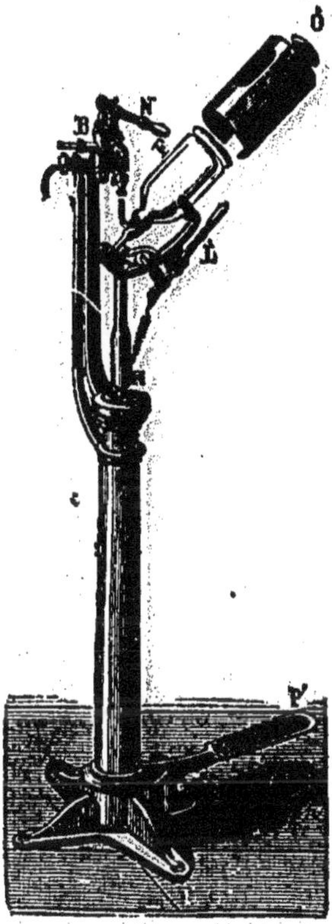

Tirage pour remplissage des siphons, monté sur colonne en fonte, avec robinet à double soupape en bronze et cuirasse mobile.

Prix du tirage à siphons........................ 120 fr.
Emballage de l'appareil........................ 7
Poids net de l'appareil : 40 kilogrammes.
Cube de la caisse d'emballage : 0,206 cent. cubes.

Légende explicative

P. Pédale.
B. Robinet à double soupape.
O. Cuirasse du siphon.
L. Levier du porte-vase.
A. Colonne en fonte.

Tirage à double effet, pour emplissage des bouteilles et siphons, monté sur colonne en fonte, avec cône et conducteur en bronze pour les bouteilles, et robinet simple, à boisseau en bronze pour les siphons.

Prix du tirage à double effet.. 180 fr.
Le même, avec robinet à double soupape.............................. 200
Emballage de l'appareil.. 9
Poids net de l'appareil : 60 kilogrammes.
Cube de la caisse d'emballage : 0,300 cent. cubes.

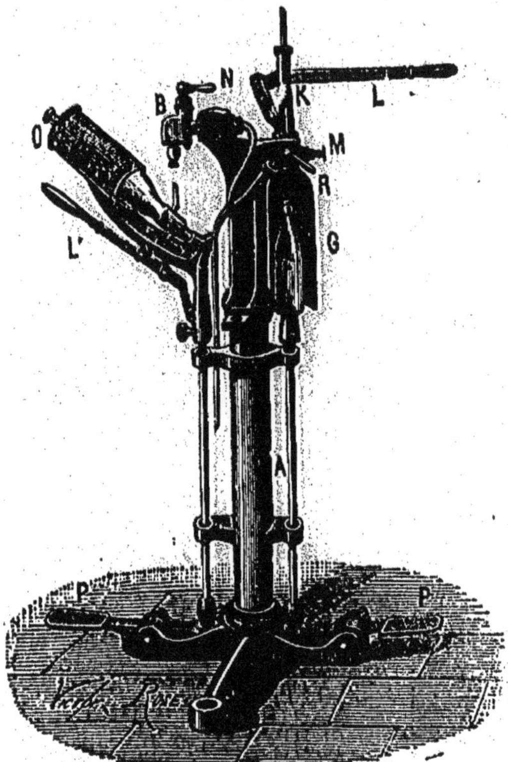

Légende explicative

P. Pédale.
B. Robinet simple à boisseau.
K. Conducteur de la machine à boucher.
L.L'. Leviers de la boucheuse et du porte-vase à siphon.
F. Bouteille.
M. Dégorgeoir.
R. Robinet pour l'emplissage des bouteilles.
G. Cuirasse de la bouteille.
O. Cuirasse du siphon.
A. Colonne en fonte.

PIÈCES DÉTACHÉES

1

Disque en caoutchouc, ou gomme d'embouteillage pour l'emplissage des bouteilles.

Prix : 1 fr. 25

2

Porte-vase pour supporter le siphon pendant l'emplissage
Prix : 13 fr.

3

Robinet à double soupape, en bronze, pour le remplissage des siphons

Prix : 45 fr.

4

Robinet simple à boisseau, pour le remplissage des siphons
Prix : 25 fr.

5

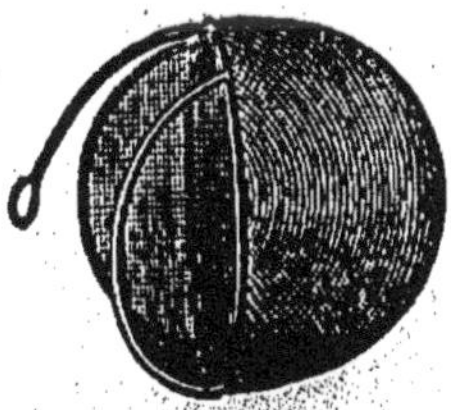

Masque à oreilles en fil de fer étamé.
Prix : 5 francs

6

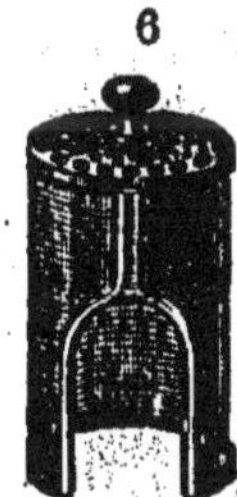

Cuirasse pour les siphons garniture en bronze et fil de fer étamé
Prix : 1 fr.

7

Cuirasse pour les bouteilles, en cuivre rouge étamé, grillage en fil de fer.
Prix : 12 fr.

8

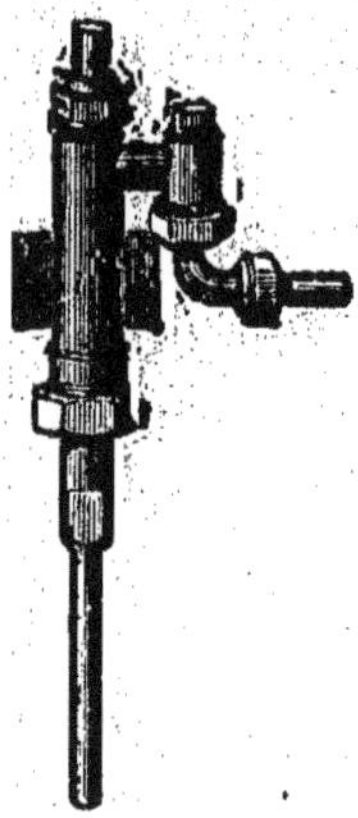

Pompe en bronze, complète, pour appareil semi-continu
N° 1..... 75 fr. »
N° 2..... 100 »
N° 3..... 125 »

9

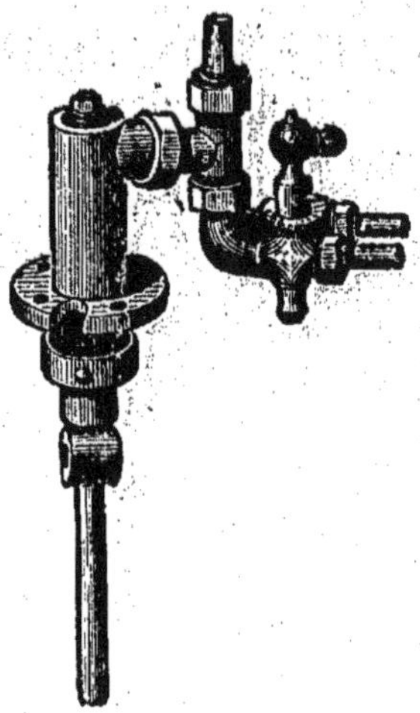

Pompe en bronze, complète, pour appareil continu n° 1, modèle groupé
Prix : 175 fr.

10

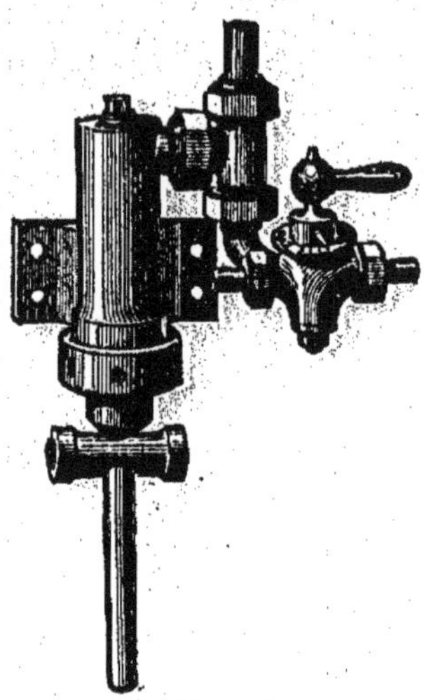

Pompe complète en bronze, pour appareil continu, n°s 2, 3, 4
Prix du n° 2......... 200 fr.
— du n° 3 et 4...... 250

11

Pompe complète pour appareil continu à 3 pompes, n° 5.
Prix : 275 fr.

12

Cuir embouti pour les pistons des pompes, des appareils semi-continus et à gaz comprimé.
Pour semi-continu :
N° 1 2 fr. 50
2 3 »
3 3 50
Pour appareil à gaz comprimé 3 fr.

13

Rondelle de cuir pour soupape des pompes. Prix : suivant dimensions 50 cent. à 1 fr.

14

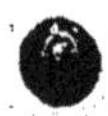

Bille en bronze pour soupape de sûreté de la pompe de l'appareil semi-continu. Prix suivant grosseur :
2 fr. à 2 fr. 50

15

Cuir embouti pour les pistons de la pompe de l'appareil continu n° 2. Prix : 4 fr.
Appareils 3, 4 et 5 : 5 fr.

16

Rondelle de cuir pour les soupapes de la pompe de l'appareil continu n° 2.
Prix 1 fr.
Appareils n°s 3, 4 et 5 : 1 fr.25

17

Bille en bronze, pour la soupape de la pompe de l'appareil continu n° 2.
Prix .... 3 fr.
N°s 3, 4 et 5......... 3 50

18

Soupape de sûreté en bronze à 3 embranchements. Prix...... 15 fr.
Contre-poids bronze, 5 fr.

19

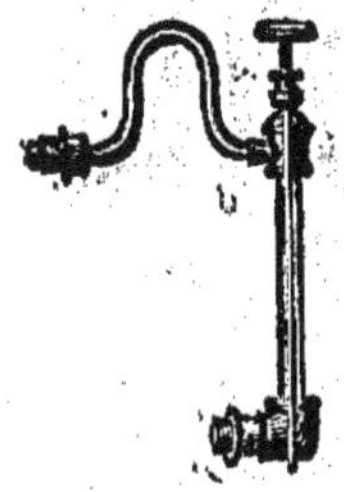

Niveau d'eau complet, avec tube cintré et support brides et vis.
Prix : de 20 à 35 fr.

20

Manomètre métallique à cadran de 1 à 18 atmosphères. — 30 fr.

21

Tube en cristal pour niveau d'eau suivant modèle. — 1 à 2 fr. 50

22

Soupape à acide prix : 15 à 20 fr. suivant dimension.
Tige de la soupape seule en cuivre, 5 à... 8 fr.
Bouchon à vis sans croisillon....... 8 »
Croisillon avec manchon .... 4 »

23

Robinet d'arrêt en bronze, pour communication de l'eau gazeuse aux tirages, avec écrou et raccord, suivant dimension, prix : 12 à 15 fr.

24

Stuffing-box, ou boîte à cuir en bronze, supportant l'arbre des sphères des appareils continus, suivant dimension, prix : 15 à 25 fr.

25

Bouchon en bronze à manivelle pour introduction et vidange des matières, suivant dimensions, prix : 5 à 20 fr.
Ecrou à vis pour le dit bouchon : 3 à 12 fr.

26

Stuffing-box ou boite à cuir en bronze, supportant l'arbre des cylindres et siphons, des appareils continus, à gaz comprimé et semi-continus nos 1 et 2, et des petits générateurs, suivant dimensions, prix : 8 à 10 fr.

27

Bouchon avec carré pour les couvercles des appareils semi-continus, suivant dimensions, prix : 4 à 7 fr.

28

Rondelle de cuir, servant à la garniture des stuffing-box, des racords et des bouchons des couvercles des appareils continus, suivant dimensions, prix : 10 à 50 centimes.

29

Boulon en fer, à tête ronde, avec écrou à 6 pans pour joint des cylindres et des sphères, suivant dimensions, prix : 25 c. à 1 fr. 50

30

Rondelles en caoutchouc pour le joint des cylindres et sphères d'appareils.

Pour cylindre à gaz comprimé sans pompe et avec pompe, et pour cylindre semi-continu n° 1.........	4 fr.
Pour la sphère et le cylindre desdits appareils et n° 2.........	5 »
Rondelle pour sphère semi-continu n° 2 et cylindre n° 3............	6 »
Pour sphère semi-continu n° 3.....	7 »
Rondelle pour sphère d'appareil continu nos 1 et 2...............	4 »
Rondelle pour appareils nos 3 et 4..	5 »
Pour sphère de l'appareil n° 5 à 3 pompes.......................	12 »
Rondelle pour générateur nos 1 et 2	4 »
id. pour appareil nos 3 et 4...	5 »
id. pour appareil n° 5........	8 »
id. pour laveurs nos 1 et 2....	3 »
id. pour laveurs nos 3 et 4....	5 »
id. pour laveur n° 5.........	8 »

MACHINES A VAPEUR VERTICALES

Avec Chaudière, a double Bouilleur et Foyer intérieur

DE LA FORCE DE **1** A **4** CHEVAUX

Nos machines à vapeur sont munies d'un régulateur, de soupapes de sûreté, d'une poulie de commande, d'un manomètre métallique, d'un niveau d'eau, de robinets de jauge et d'une pompe alimentaire.

La cheminée a un mètre cinquante centimètres de hauteur, avec registre, et trois mètres de tuyaux pour l'échappement de la vapeur.

PRIX

N° 1	— Force de 1 cheval vapeur..................................	1.750 fr.
2	— Force de 1 cheval 1/2 vapeur	1.900
3	— Force de 2 chevaux vapeur..................................	2.300
4	— Force de 3 chevaux vapeur..................................	2.900
5	— Force de 4 chevaux vapeur	3.400

Emballages

N° 1	— Cubant	1	mètre	800	centimètres cubes	....	*prix*	45 fr.
2	—	»	2	»	500	»	»	55
3	—	»	2	»	900	»	»	65
4	—	»	3	»	500	»	»	80
5	—	»	5	»	200	»	»	100

Légende explicative

(*Voir le dessin de l'appareil ci-contre*)

A. Régulateur à boules, pour modérer la vitesse de la machine.
B. Cheminée en tôle, avec registre, pour régler le tirage.
C. Volant.
D. Poulie de commande pour le régulateur.
E. Registre servant à régler le tirage, et par suite la production du calorique.
F. Manomètre métallique.
G. Soupape de sûreté.
H. Poulie de commande.
I. Niveau d'eau à tube en cristal.
J. Robinet purgeur ou tube du niveau d'eau.
K. Robinet de jauge pour le niveau de l'eau.
L.L. Bouchons autoclaves pour le nettoyage de la chaudière.
M. Robinet de retenue pour la pompe alimentaire.
N. Tuyau pour l'échappement de la pompe.
O. Articulation du piston de la pompe alimentaire.
P. Soupape de la pompe alimentaire.
Q. Papillon pour l'introduction de la vapeur.
R. Cylindre de la machine dans lequel se meut le piston.
S. Stuffing-box de la pompe alimentaire.
T. Articulation de la tige du tiroir.
V. Clef de débrayage et de rembrayage pour la pompe alimentaire.
X. Guide de la bielle.
Y. Bielle pour l'arbre de commande.
Z. Robinet de prise de vapeur pour la mise en marche de la machine.

Toutes nos machines sont timbrées et éprouvées, avant de sortir de nos ateliers, aussi les garantissons nous contre tout vice de construction, pendant une année.

Leur disposition ou groupement permet de les emballer toutes montées, si bien, qu'à leur arrivée, il ne reste plus qu'à placer le régulateur, le volant, la poulie, la cheminée et le tuyau d'échappement.

A la réception de la machine l'acheteur doit :

1° Porter toute son attention, avant tout déballage, à la visite des caisses, afin de s'assurer qu'aucune avarie ne s'est produite pendant le trajet, et après avoir déballé la machine, et avoir constaté que toutes les pièces sont en parfait état, il doit, immédiatement disposer un local, en dehors de l'atelier destiné à la fabrication de l'eau de seltz.

Le calorique, comme nous l'avons dit précédemment, étant toujours nuisible à cette fabrication, et le moteur à vapeur développant continuellement une somme importante de chaleur, il est nécessaire, à ce point de vue, d'éloigner le moteur du producteur. Par suite de cette disposition, on oppose un obstacle sérieux à l'introduction de la fumée et de la poussière de charbon, dans l'atelier de fabrication et on obtient une propreté qu'il serait impossible de réaliser sans la séparation des appareils producteurs, des machines motrices.

2° Le sol du local dans lequel on place la machine à vapeur, doit être carrelé ou betonné. Sous l'appareil, il est essentiel de disposer une cavité ou cuvette, de douze à quinze centimètres de profondeur et de la largeur de la grille, enduite en ciment, et destinée à recevoir les cendres et escarbilles tombant de la grille du foyer.

Comme disposition première, on scelle dans le sol du local ou la machine doit être installée, trois dés en pierre destinés à recevoir le soubassement de l'appareil. De plus, la cheminée doit être montée de manière à être isolée de tout contact avec les cloisons ou toitures en bois.

Si la cheminée devait traverser un plancher ou un toit, il serait alors nécessaire de laisser entre le tuyau et le plancher ou toit, un espace de quelques centimètres, de manière à faciliter la circulation de l'air.

Le tuyau de la cheminée de la machine à vapeur, peut sans inconvénient communiquer à une cheminée en poterie, en observant toutefois les réglements de police, qui régissent la matière.

La chaudière doit être isolée des murs mitoyens, de cinquante centimètres environ,

3° Avant de mettre la machine en fonction, on doit adresser au préfet, et sur papier timbré, une déclaration ainsi conçue :

« Le soussigné....... demeurant à........ a l'honneur d'informer M. le Préfet, qu'il a l'intention d'établir une machine à vapeur verticale à double bouilleur et foyer intérieur de la force de...... chevaux ou cheval vapeur, et timbrée à six atmosphères 500. Cette machine sort des ateliers de M. CAZAUBON, Constructeur-Mécanicien à Paris, rue Notre-Dame-de-Nazareth, 43, et est destinée à faire fonctionner un appareil propre à la fabrication des eaux gazeuses. »

La présente déclaration est fait comme de droit, conformément à l'article 10 du décret du 23 janvier 1865.

(*Date et signature*)

Après cette déclaration remise au Préfet, on peut de suite commencer l'installation de la machine.

4° Le manomètre F et le tube du niveau d'eau I, doivent être toujours tournés du côté du jour, afin que le chauffeur puisse facilement voir la pression au manomètre, et la hauteur de l'eau dans la chaudière.

5° Aussitôt que la vapeur a exercé dans le cylindre sa puissance motrice, on peut avantageusement l'utiliser à l'alimentation. Seulement à cet effet, un réservoir est nécessaire, car ce réservoir reçoit alors dans son intérieur soit un serpentin, soit un simple cylindre, destiné l'un ou l'autre à échauffer l'eau d'alimentation, avant son introduction dans la chaudière.

6° Un robinet flotteur doit être placé sur le réservoir, afin de régulariser l'alimentation, et maintenir automatiquement l'eau au même niveau. Le tuyau de l'aspiration de la pompe, doit être branché sur le réservoir, afin qu'il puisse alimenter la chaudière avec de l'eau chaude, ce qui, en pratique, donne une économie de plus de 10 pour 100 sur la dépense du combustible.

Après avoir échauffé l'eau, le surplus de la vapeur, s'échappe directement en dehors de l'atelier. Ou bien en vue d'activer le tirage du foyer, on la fait passer dans le tuyau de la cheminée; seulement, ce moyen a l'inconvénient d'oxyder et par suite, de détériorer promptement les tôles des cheminées.

Montage et fonctionnement de la machine à vapeur

1° On fixe la chaudière sur trois dés en pierre, en observant de bien accorder ou plutôt de dégauchir la poulie M de commande, avec celle de la transmission. A cet effet, il suffit d'une ficelle, que l'on place d'un bout sur la poulie de la machine et de l'autre sur la poulie de la transmission. En la tendant, il faut que sans dévier de la ligne droite, cette ficelle touche les quatre points des deux poulies, qui alors doivent se trouver exactement en face.

Si les poulies n'étaient pas parfaitement d'équerre, la courroie de transmission tomberait à chaque instant.

2° On doit ensuite procéder à la pose de la machine ; à cet effet, on creuse trois trous dans les dés en pierre de fondation, et on y fixe des boulons de scellement, au moyen de plomb fondu. Avant de couler le plomb, on doit s'assurer que les cavités pratiquées dans la pierre, ne contiennent pas d'humidité, sinon il pourrait arriver, que le plomb en contact avec elle, serait projeté en dehors, et par suite brûlerait l'ouvrier chargé de cette besogne.

Les dés doivent dépasser le sol de quatre à cinq centimètres, afin de faciliter le nettoyage de la cuvette-cendrier.

3° Une fois la machine en place, on clavette fortement le volant C, ainsi que la poulie de commande H, on monte ensuite le manomètre F, et le régulateur A.

Puis on procède à l'installation de la grille du foyer, ainsi que de la courroie du régulateur D, et de la courroie de la poulie de commande.

4° Quand toutes les pièces sont bien fixées, on procède à l'emplissage de la chaudière, soit en la remplissant par l'autoclave ou grand bouchon de nettoyage L, soit par l'orifice de la soupape de sûreté G. Dans ce dernier cas, on retire le contre-poids de la soupape, on démonte le levier, on enlève le clapet, puis on introduit un entonnoir dans l'orifice, et l'on y verse de l'eau, jusqu'à ce que celle-ci arrive jusqu'au milieu du tube du niveau d'eau I.

Ceci fait, on remet la soupape G, en place, en ayant soin de bien en essuyer le clapet, ainsi que le fond du siége. Il faut aussi avoir l'attention de préserver de tout choc, cet organe essentiel de la machine, si on veut éviter les fuites accidentelles.

5° Il ne faut pas oublier de garnir d'une mêche de coton, et d'huile de pied de bœuf ou à son défaut d'huile d'olive, le réservoir graisseur de la tête de la bielle Y, et de graisser en outre, avec soin : les pignons, l'arbre de la poulie de commande, la coulisse et les articulations du régulateur, l'excentrique de la pompe alimentaire et du tiroir, le guide de la bielle X et son articulation, les articulations de la tige du tiroir T, de la pompe O, le fourreau de distribution V, enfin tous les organes actifs et agissants de la machine, en ayant soin toutefois, de ne pas laisser couler d'huile dans le stuffing-box de la pompe S, car si un corps gras pénétrait dans la soupape P, celà l'empêcherait de fonctionner.

6° Reste à mettre la machine en marche : à cet effet on allume le feu avec des copeaux et menus bois, en ayant soin de ménager l'introduction du charbon, jusqu'à ce que le courant d'air soit bien établi, que l'eau commence à s'échauffer et par suite que la vapeur monte en pression. C'est à ce moment surtout qu'on doit jeter un dernier coup d'œil sur tous les organes de la machine, afin de s'assurer que tous sont libres et en état de fonctionner normalement.

7° Le feu doit, pour la régularité de la marche du travail, être entretenu d'une manière égale, soit au moyen du charbon de terre, soit au moyen du cook. La couche du combustible ne doit pas dépasser huit à dix centimètres d'épaisseur, être toujours plus exhaussée au centre, et n'être remuée que lorsqu'il s'agit de débourrer la grille trop fortement chargée de mâchefer ou de cendre.

8° On peut également chauffer avec du bois, mais alors, il faut que les morceaux soient coupés uniformément, afin d'éviter des cavités dans l'intérieur du foyer.

9° Quand la vapeur est à la pression de quatre à cinq atmosphères, on met

8

seulement alors la machine en marche, à cet effet : on ouvre les robinets purgeurs du cylindre R, robinets qui au moyen d'un tuyau, conduisent la vapeur condensée dans la cuvette du cendrier.

10° Aussitôt que la vapeur a atteint une pression de quatre à cinq atmosphères, on ouvre doucement, en tournant d'un quart de tour, le robinet de vapeur Z, et forcément le cylindre s'échauffe, on fait faire, un tour au volant, afin de purger la machine de toutes les eaux, qui ont pu être condensées; puis on ouvre entièrement le robinet d'introduction de vapeur et la machine prend alors sa marche; seulement, il faut avoir le soin, de fermer une demi-minute après, le robinet purgeur.

11° Il est nécessaire d'entretenir d'une façon régulière le feu, afin que le manomètre F, se maintienne constamment entre 4 et 5 atmosphères. On doit également faire en sorte que l'eau, dans le niveau d'eau I, ne dépasse jamais les deux tiers du tube. Quand l'eau baisse, il faut alimenter la chaudière, au moyen de la pompe; et avant d'embrayer le piston de la pompe, il faut s'assurer que le robinet M est ouvert. On s'en assure en observant le trait tracé au-dessous du carré de la clef du robinet, qui doit être en ligne directe avec celui-ci. Quand le trait est en travers, cela indique que le robinet est fermé. Nous insistons particulièrement sur cette manœuvre essentielle.

Quand il y a assez d'eau dans la chaudière, on doit retirer la clef de débrayage du fourreau V, et alors le piston de la pompe ne fonctionne plus.

12° Il n'y a pas nécessité de graisser le piston du cylindre R, la vapeur suffit pour en faciliter le jeu. On doit cependant, lorsqu'on fait usage de la machine pour la première fois, y verser quelques gouttes d'huile pour en adoucir le départ.

Le stuffing-box du cylindre R, de la tige du tiroir et du piston de la pompe S, doivent être bien serrés, il faut que le serrage soit fait avec attention afin de ne rien forcer, car alors des fuites pourraient se produire, ou bien, on déterminerait inutilement des frottements préjudiciables à la marche de la machine.

13° Quand les stuffing-box ou presse-étoupe sont à fond, on doit refaire les garnitures avec des tresses ou mèches de filasse, et les graisser avec du suif clarifié. Quant au presse-étoupe de la pompe alimentaire, on ne doit employer aucune matière grasse, mais seulement humecter l'étoupe avec de l'eau.

14° Lorsque le chauffeur arrête le travail, il doit d'abord ouvrir les robinets purgeurs du cylindre R, puis essuyer avec un chiffon huilé la machine, afin que celle-ci soit toujours dans un parfait état de propreté.

15° Les joints des tuyaux d'entrée et de sortie de vapeur, doivent être faits avec un mastic de minium et des rondelles en plomb, ou bien des anneaux de filasse.

16° On prépare le mastic avec deux tiers de poudre de minium, et un tiers de blanc de céruse, qu'on bat ensemble fortement avec un marteau, soit sur une dalle, soit sur une pièce de fonte; on peut y ajouter quelques filaments de filasse coupés menus, et le tout est battu, jusqu'à ce qu'il ait acquis un certain degré de fermeté.

17° La consommation des machines à vapeur verticales est de 3 à 5 kilogrammes de charbon de terre par force de cheval et par heure de travail. Cette différence de consommation, provient des diverses qualités du charbon employé et aussi de l'habileté du chauffeur. Un bon chauffeur doit étudier attentivement sa machine et faire en sorte que chaque force de cheval, ne consume pas plus de 22 à 26 litres d'eau par heure.

Nos machines à un ou deux chevaux doivent fonctionner à une vitesse de 100 tours à la minute.

Celles de trois chevaux, 90 tours.

Celles de quatre chevaux, 80 tours.

Paris. — Imp. Michelet, 6, rue du Hazard-Richelieu.

TABLE DES MATIÈRES

www.ingramcontent.com/pod-product-compliance
Ingram Content Group UK Ltd.
Pitfield, Milton Keynes, MK11 3LW, UK
UKHW031917260826
14628UKWH00003B/1246

9 782019 691349